新思想 新实践 新作为研究丛书

上海市习近平新时代中国特色社会主义思想研究中心

王治东 著

# 上海发挥引领示范作用的理论与实践

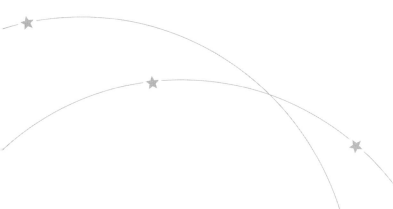

上海人民出版社

# 总　序

党的十九大以来，习近平总书记连续四年亲临上海，对上海发展发表一系列重要讲话、作出一系列重要指示批示、交办一系列重大任务，明确建设具有世界影响力的社会主义现代化国际大都市的新定位，赋予为全国改革发展作出更大贡献的新使命，指明推动经济高质量发展走在全国前列的新路径，赋予在推动长三角更高质量一体化发展中进一步发挥龙头带动作用的新担当，要求打造自主创新新高地、激活高质量发展新动力、增创国际合作和竞争新优势、服务构建新发展格局、开创人民城市建设新局面，提出在全面从严治党上走在前列的新期待。这些重要论述深刻阐明了上海在新时代新征程上要承担什么样的使命、建成什么样的城市、怎样建设城市等一系列根本性问题，从战略定位、根本属性、核心任务、实现路径、发展动力、领导保障等各个方面对上海发展进行战略擘画和把脉指向，是谋划和推进上海发展的科学指南和根本遵循。

在习近平新时代中国特色社会主义思想和习近平总书记对上海改革发展发表的系列重要论述及重要指示精神的指引下，上海广大干部群众奋力开拓，不负重托，勇立潮头，以强化"四大功能"为主攻方向，把"五个中心"建设推向前进，聚焦关键环节和重点领域破冰攻坚，加快构筑上海发展的战略优势。改革开放方面，上海以实施国家战略为牵引，推动更深层次改革，实行更高水平开放，主动发挥好开路先锋、示范引领、突破攻坚作用；民主法治建设方面，上海以地方生动实践丰富"全过程民主"的时代内涵，为发展中国特色社会主义民主政治作出上海贡献；文化建设方面，上海持续打响"上海文化"品牌，不断彰显红色文化、海派文化、江南文化独特魅力，全面提升文化软实力；民生保障方面，上海统筹抓好底线民生、基本民生、质量民生，加大政策供给力度，办好民生实事工程；城市治理方面，上海立足超大城市特点，从群众需求和城市治理突出问题出发，在科学化、精细化、智能化上下功夫，努力实现"一流城市一流治理"；党的建设方面，上海作为党的诞生地和初心始发地，高度重视传承红色基因，加强党的建设，不断推进基层党建的探索与创新。"十四五"时期是上海在新的起点上全面深化"五个中心"建设、加快建设具有世界影响力的社会主义现代化国际大都市的关键五年，全市上下正以习近平总书记对上海工作的重要指示为根本指引，始终胸怀"两个大局"、坚持"四个放在"，努力在新征程上奋力创造新时代上海发展新奇迹。

为深入学习和阐释习近平总书记关于上海工作的系列重要论述，扎实研究上海贯彻习近平总书记要求和中央战略部署，奋力创造新时代上海发展新奇迹的重大理论和实践问题，为新时代上海的改革发展提供智力支持和理论支撑，上海市习近平新时代中国特色社会主义思想研究中心和上海市哲学社会科学规划办公室联合开展

"学习习近平总书记关于上海工作重要论述"专题招标，组织专家学者开展集体攻关和专项研究，并挑选部分优秀成果公开出版。这些研究成果涉及进博会的时代意蕴与上海实践、新时代上海发挥引领示范作用、推动长三角一体化发展、上海基层民主政治建设、生态文明与上海高质量发展、上海社会治理创新、新时代上海党的建设的实践创新等。作者主要为长期潜心研究上海改革发展的上海市各高校以及相关单位的专家学者。本次推出的"新思想　新实践　新作为研究丛书"共计 11 本。这套丛书政治站位高、研究视野宽、阐释解读准、思考研究深、联系实际紧，总体上反映本市学术界在上述领域的研究水平。这是上海市习近平新时代中国特色社会主义思想研究中心推出的第三套聚焦于研究阐释习近平新时代中国特色社会主义思想的系列丛书。相信这套丛书的面世，有助于广大读者更加全面、深入地学习和把握习近平总书记对上海工作重要论述的深刻内涵、精神实质和实践要求，深刻把握上海在贯彻落实习近平总书记重要论述过程中的积极探索、实践创新和最新成果，切实把习近平总书记重要讲话精神和党中央重大决策部署转化为推动"十四五"乃至更长时期上海发展的创新思路和务实举措，为上海的改革发展作出新的贡献。

上海市习近平新时代
中国特色社会主义思想研究中心
2021 年 5 月

# 目　录

# 导　论

## 一、国内外研究现状述评及研究意义

上海自改革开放之初，便一直在多个方面发挥引领作用。进入新时代，上海在中国改革开放进程中发挥着愈加重要的作用。当前学术界对于上海引领作用的研究主要集中在以下几个方面：首先是对上海一贯的经济引领进行分析。在奋力推进创新驱动发展、经济转型升级的艰难跨越中，上海以改革开放排头兵和创新发展先行者的行动与精神，率先适应和引领中国经济新常态。勇当改革开放排头兵、敢为创新发展先行者，既要有干劲，也要有韧劲；既要有问题意识，也要有战略定力，一步一个脚印向前（权衡，2017）。其次是对上海制度建设引领城市发展的作用进行论述。《中华人民共和国标准化法》修订以来，上海市在全国率先修订了标准化条例，新修订的《上海市标准化条例》特点明显、亮点纷呈，着力构建先进的上海标准化体系，旨在占领标准化国际制高点，助力上海现代化的国际大都市建设（裘文阳，2019）；党建引领社会治理是城市

1

工作落实党的全面领导的必然选择，是推进国家治理体系和治理能力现代化建设的内在要求，是践行以人民为中心的发展思想的重要保障。从组织引领、内涵引领、价值引领、路径引领四方面，梳理总结上海坚持党建引领社会治理的实践经验。从理念、制度、着力点、手段方面提出进一步加强党建引领上海社会治理的思考（严爱云，2020）。再次是对上海科技创新引领作用的研究。上海作为全国经济中心、金融中心，拥有得天独厚的产业基础和先发优势，以科技创新引领新经济发展，不仅能全面助力上海科技创新中心建设，还将对全国产业互联网发展起到重要推进作用（吴勇毅，2019）；科创中心的发展将引领上海全球城市功能的全方位发展，是"四个中心"背景下上海城市竞争力提升的核心动力，科技创新中心建设对于上海在城市创新、创意与企业家创业所需的资金融通、人才流动和国际化网络建设上构成亚太区域内的集聚与辐射原点（黄烨菁，2015）。最后是对上海自贸试验区的引领作用进行研究。建立中国上海自由贸易试验区是党中央在新形势下推进改革开放的重大举措，要切实建设好、管理好，为全面深化改革和扩大开放探索新途径、新经验。通过建立上海自贸区，发挥其在培育我国国际经济合作竞争新优势方面的引领作用，以开放促改革（张孝静、郭振，2014）；中国（上海）自由贸易试验区给平台经济发展带来的新机遇和新趋势，大宗商品交易、消费服务、金融物流专业服务等贸易领域平台企业有了创新发展（吕莱、刘力华，2014）。当前的研究为探讨上海贯彻实践习近平总书记关于上海发挥引领示范作用，更好服务全国改革发展大局重要论述提供了基础，但在系统深入地推进尤其是贯彻实践的内容与路径探索等方面由于研究较少,不够系统,需要进一步推进。

国外对于上海的引领作用探讨众多,从最开始的经济引领,到国际背景下的多元化引领。西尔维娅·帕沃尼对上海吸引外资的数据进行分析,认为上海是吸引外资流入规模最大的中国金融中心,长期处于领先地位(2015)。阿兰提斯·维吉尼等人对上海的垃圾分类与非政府组织的合作实践进行研究,地方政府—非政府组织合作治理的方式加强了公众参与,并应对了国家地方分权和城市地区不断上升的环境问题,为世界提供了成功经验(2019)。国外的研究大多基于国际视角,更多从上海对世界的经济、城市建设等方面发挥的积极作用进行研究。

纵观学术界的研究现状,国内研究自改革开放以来便开始进行,尤其是上海作为经济中心,在改革开放中关于经济建设引领和城市建设引领方面的研究具有丰厚的可以借鉴的资源。在当前关于上海发挥引领作用服务全国改革发展大局的研究较集中在单一层面,局限于上海自身。在新时代背景下,如何系统发挥上海的引领作用,带动区域发展,服务全国改革发展,其有效路径为何,需要深入的探讨。对此,西方国家对于上海的经济建设和城市建设的相关研究将对此课题起到借鉴作用。

深入学习贯彻习近平新时代中国特色社会主义思想和习近平总书记考察上海重要讲话精神,是面对新的发展形势和任务,通过发挥上海的引领示范作用,更好服务全国改革发展大局的实践研究,助力上海实现创新驱动发展、经济转型升级,加快落实国家战略,更好服务全国发展大局。为全国树立标杆和榜样，通过上海的实际行动和实践成果，坚定改革开放再出发的信心和决心。

## 二、上海进一步发挥引领示范作用的现实背景与重大意义

第一，习近平总书记对上海工作重要讲话概述。

习近平总书记2012—2020年共到上海考察5次，在全国"两会"上参加上海代表团审议5次，对上海的发展表示了高度期待，从多方面对上海的发展进行了深刻论述。

一是对上海发展进行总体论述，提出期望和要求。2014年，习近平总书记深入中国上海自由贸易试验区考察时强调："上海作为全国最大的经济中心城市，在国家发展大局中占有重要位置，要抓住机遇，锐意进取，继续当好全国改革开放排头兵、科学发展先行者，不断提高城市核心竞争力，开创各项工作新局面。"①2017年，习近平总书记在瞻仰中共一大会址时指出："我们党的全部历史都是从中共一大开启的，我们走得再远都不能忘记来时的路。"②2018年，习近平总书记深入上海的企业、社区、城市运行综合管理中心、高新科技园区调研时指出："希望上海继续当好全国改革开放

---

① 习近平：《当好全国改革开放排头兵 不断提高城市核心竞争力》，《人民日报》2014年5月25日。

② 习近平：《铭记党的奋斗历程时刻不忘初心 担当党的崇高使命矢志永远奋斗》，《人民日报》2017年11月1日。

排头兵、创新发展先行者，勇于挑最重的担子、啃最难啃的骨头，发挥开路先锋、示范引领、突破攻坚的作用，为全国改革发展作出更大贡献。""要在更深层次、更宽领域、以更大力度推进全方位高水平开放，为长远发展夯实基础。"①2018 年，习近平总书记考察上海时强调："上海在党和国家工作全局中具有十分重要的地位，做好上海工作要有大局意识、全局观念，在服务全国中发展上海。"②2020 年，习近平总书记在浦东开发开放 30 周年庆祝大会上强调："明年是中国共产党成立 100 周年。上海是中国共产党诞生地。要传承红色基因、践行初心使命，不断提升党的建设质量和水平，确保改革开放正确方向。"③

二是对上海的经济发展提出要求。"主动推动质量变革、效率变革、动力变革，在提高城市经济密度、提高投入产出效率上下功夫，在提升配置全球资源能力上下功夫，在增强创新策源能力上下功夫，加快建设现代化经济体系。"④"要把高质量发展着力点放在实体经济上，加快建设实体经济、科技创新、现代金融、人力资源协同发展的产业体系。"⑤

三是对上海在长三角一体化建设中的定位进行明确并提出要求。"上海是我国最大的经济中心城市和长三角地区合作交流的龙头。"⑥"发挥上海在长三角地区合作和交流中的龙头带动作用，既是上海

---

①②④⑤⑥　《习近平在上海考察时强调　坚定改革开放再出发信心和决心　加快提升城市能级和核心竞争力》，《人民日报》2018 年 11 月 8 日。

③　习近平：《在浦东开发开放三十周年庆祝大会上的讲话》，《人民日报》2020 年 11 月 13 日。

自身发展的需要，也是中央赋予上海的一项重要使命。""继续完善长三角地区合作协调机制，加强专题合作，拓展合作内容，加强区域规划衔接和前瞻性研究，努力促进长三角地区率先发展、一体化发展。"①

四是对上海的城市治理高度期许并指明指导方针。"要统筹规划、建设、管理和生产、生活、生态等各方面，发挥好政府、社会、市民等各方力量。要抓一些'牛鼻子'工作，抓好'政务服务一网通办'、'城市运行一网统管'，坚持从群众需求和城市治理突出问题出发。"②"要提高社会治理社会化、法治化、智能化、专业化水平，更加注重在细微处下功夫、见成效。要坚持以人民为中心的发展思想，坚持共建共治共享。"③

五是关于上海的制度创新。"要切实把制度创新作为核心任务，以形成可复制、可推广的制度成果为着力点。"④"有针对性地进行体制机制创新，强化制度建设，提高经济质量。"⑤"要进一步增强改革创新意识，敞开思想谋划新思路，放开手脚追求新突破，善于从事物的对立面、差异性、因果联系中及时发现并解决存在的各种矛盾和问题。"⑥

---

①④⑥ 习近平：《当好全国改革开放排头兵 不断提高城市核心竞争力》，《人民日报》2014年5月25日。

②⑤ 《习近平在上海考察时强调 深入学习贯彻党的十九届四中全会精神 提高社会主义现代化国际大都市治理能力和水平》，《人民日报》2019年11月4日。

③ 《习近平在上海考察时强调 坚定改革开放再出发信心和决心 加快提升城市能级和核心竞争力》，《人民日报》2018年11月8日。

第二，分析上海发挥引领示范作用的现实背景。

一是探讨新科技革命带来了新机遇，上海作为中国科技创新高地，理应发挥在科技创新、经济创新等方面引领作用。

二是分析新冠肺炎疫情对全国经济造成的影响，在此背景下，国家迫切需要有能力引领全国经济复苏发展的城市展现担当。如上海应发挥在长三角一体化建设中的引领作用，通过引领长三角一体化发展，进而辐射全国。

三是分析上海有能力发挥示范引领作用，更好地服务全国改革发展大局。如分析上海在长三角一体化建设中、在"人民城市"建设与治理中、在特大城市区域化毗邻党建中、在经济建设中、在制度创新建设中的优势体现在哪些方面，探讨这些优势足以支撑上海发挥示范引领作用。

第三，分析上海进一步发挥引领示范作用的前提。

一是分析习近平总书记为上海的发展定位，赋予上海新的使命，提出"四个放在"论述的原因。

二是探讨"四个放在"战略方针为何是上海发挥示范引领作用的前提及上海做好一切工作的基点。坚持"四个放在"，就是将上海发展放在中央对上海发展的战略定位上、放在经济全球化大背景下、放在全国发展大格局中、放在国家对长三角发展的总体部署中思考谋划。

三是分析习近平总书记关于"四个放在"的论述对上海发挥在长三角一体化建设中、在"人民城市"建设与治理中、在特大城市区域化毗邻党建中、在经济建设中、在制度创新建设中的作用。

第四，上海发挥示范引领作用的重大意义。

一是分析上海发挥示范引领作用有助于推动中国经济高质量发展。一方面，上海发挥在数字经济等新经济、新业态等方面的引领作用，有助于全国经济的高质量发展；另一方面，有助于应对新冠肺炎疫情的影响。

二是分析上海发挥示范引领作用有助于促进全国均衡发展。

三是探讨上海发挥示范引领作用有助于把上海的发展与全国的发展实现协调联动。

# 三、上海发挥示范引领作用的实践方案

上海发挥引领示范作用有多个领域，本研究重点关注上海五个方面的优势：一是上海发挥经济建设的引领作用，这个引领是基础；二是上海发挥在长三角一体化建设中的引领作用，这个引领是辐射；三是上海发挥在"人民城市"建设与治理中的引领作用，这个引领是内涵；四是上海发挥特大城市区域化毗邻大党建的引领作用，这个引领是根本；五是上海发挥在制度创新建设中的引领作用，这个引领是引擎。

五个方面的关系如下图所示。

第一，上海发挥在经济建设中的引领作用。

分析上海在经济建设中发挥引领作用还存在哪些短板。如产业集聚性、辐射性等方面有待提升。要瞄准世界科技前沿，加强科技

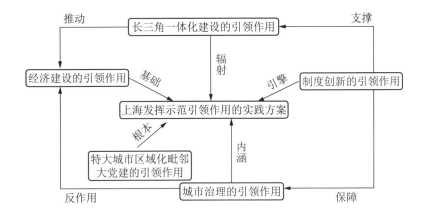

创新前瞻布局，聚焦关键领域，集合精锐力量，尽早取得重大突破，使创新成为高质量发展的强大动能。

探讨上海发挥在经济建设中的引领作用的实践路径：一是上海在实践中可以打造数字经济等新经济新业态，通过新经济新业态的发展，带动上海经济的质量变革、效率变革、动力变革，发挥上海新经济新业态方面的引领作用，探索现代化经济体系，为国家经济建设提供经验；二是围绕夜市经济、养老产业等推进民生经济建设，发挥上海民生经济的引领作用；三是要着力加强实体经济发展，发挥上海以实体经济为核心其他多种要素和产业协同发展的引领作用。

第二，上海发挥在长三角一体化建设中的引领作用。

上海发挥在长三角一体化建设中的引领作用还存在哪些短板，对这些短板进行精准分析：一是分析目前长三角地区还存在资源配置一体化程度不高的问题；二是分析长三角地区战略资源统筹不强的问题；三是分析长三角地区行动还未实现一体化的问题。

充分发挥上海在长三角一体化建设中的引领作用：一是上海要利用其综合优势，充分发挥上海在长三角区域一体化中的推动作用；二是要充分发挥上海的经济优势、港口优势、区位优势，在长三角资源配置一体化中发挥协调作用；三是充分发挥上海在长三角行动一体化中的龙头带动作用。

第三，上海发挥在"人民城市"建设与治理中的引领作用。

提炼上海在"人民城市"建设与治理中有哪些好的做法及还存在哪些不足。例如2020年7月1日，上海浦东的"城市大脑"3.0版上线，通过线上可以实现"一网管全城"。3.0版上线后，浦东"城市大脑"场景体系中将按照日常、专项、应急三种状态，形成了近80个场景，为现代化治理提供了便利。这些经验有待提炼。

上海发挥在"人民城市"建设与治理中的引领作用的实践路径：一是上海在城市建设中要打造市民参与性城市治理格局，找出打造市民参与性城市治理的关键方法，为国家城市治理提供可推广的经验；二是要继续发挥有温度的社区引领，探究上海发挥有温度的社区引领的具体策略；三是要进行智慧城市建设引领，分析上海发挥智慧城市建设引领的关键影响因素，为超大城市管理探索成功经验。

第四，上海发挥超大城市区域化毗邻大党建的引领作用。

总结上海作为超大城市从实施楼宇党建到推进区域化毗邻大党建的实践历程，提炼相关经验，分析相关短板：一是分析从楼宇党建到区域化毗邻大党建实践中哪些党建经验值得进一步推广；二是精准分析从楼宇党建到区域化毗邻大党建还存在哪些不足，有待尽快补齐。

上海发挥特大城市区域化毗邻大党建的引领作用的实践路径：一是上海要充分发挥在社区党建中的引领作用，发挥党建对群众的影响力；二是上海要充分发挥在企业党建中的引领作用，发挥党建对企业感染力；三是上海要充分发挥党建在学校中的引领作用，发挥党建对学生的引导力；四是上海要发挥在毗邻党建中的引领作用，进一步推进党建的无缝隙对接。

第五，上海发挥在制度创新建设中的引领作用。

关注的第一个问题，是对上海各方面的制度创新进行总结分析，精准分析其存在的短板。

关注的第二个问题，是上海发挥在制度创新建设中的引领作用的实践路径：一是上海要充分发挥在产业制度中对经济发展、产业建设的推动作用，引领产业发展和经济高质量建设；二是充分发挥上海在政务制度创新中的"先行者"作用，引领全国的政府制度建设，服务改革开放；三是进一步发挥自贸试验区的制度创新引领作用，扩大负面清单制度的深度和广度，完善投资贸易自由化便利化制度体系，形成可复制、推广的成果。

# 第一章　上海发挥在经济建设中的引领作用

上海发挥在经济建设的引领作用不仅有其历史基础，而且也是上海发挥其他引领作用的基础。本章围绕上海在经济建设引领中的经验，探讨新时代下上海抓住机遇、乘势而上的路径。

## 一、上海发挥在经济建设中的示范引领作用的主要经验

上海发挥在经济建设中的引领作用的经验十分丰富，其中坚持党对经济工作的领导、以改革创新促进经济跨越式发展以及以高标准实现发展最具有显示度。

### （一）坚持党对经济工作的集中统一领导

新中国成立 70 余年来，尤其是改革开放以来，上海在各方面取得了巨大成就，人民幸福感、获得感、安全感得到提升，其关键

在于坚持党的领导，贯彻落实党在经济建设中的领导和指导作用。

30 年前，党中央全面研判国际国内复杂的形势，根据上海特殊的区位优势，作出了开发开放上海浦东的重大决策。而当时的浦东还是蛙声一片的稻田和芦苇荡。30 年后，而立之年的浦东早已"脱胎换骨"，变身为一座现代化新城，不仅是全国最发达的地区之一，同时也是金融改革、经济改革的示范区，实现了由农业发展为主向以科技和金融为主的模式转变，成为中国改革开放的一面旗帜。这些成就取得的关键就在于坚持中国共产党的领导，这份宝贵的经验将继续指导我们开启全面建设社会主义现代化国家新征程，更好更快地推进长三角一体化发展。

### （二）以改革创新促跨越式发展

上海改革开放以来之所以能够获得跨越式发展，关键还在于以改革创新促发展。这种改革创新主要体现在如下几个方面：

一是制度方面的改革创新。作为改革开放的前沿阵地和先行示范区，上海在制度创新方面始终走在时代前列，走出了一条由政策推动向制度创新驱动的路子。无论是浦东开发开放，还是上海自贸试验区建设，上海总是能走在前列。无论是建设国家科技创新中心，还是探索建设具有国际影响力的全球科技创新中心，上海始终主动服务于国家。

二是在改革创新中坚持问题导向，以问题的破解促进改革实践创新。针对建设国际一流港口城市遇到的瓶颈问题，坚持问题导向积极破解，通过对标国际一流港口城市的经验，不断进行上海自贸试验区的政策制度创新；针对超大城市治理中存在的问题积极进行治理创新。上海在这些方面的经验可以在长三角一体化中发挥示范引领作用。

### （三）以对标高标准实现发展

党的十九届五中全会通过的《中共中央关于制定国民经济和社会发展第十四个五年规划和二〇三五年远景目标的建议》指出："到二〇三五年基本实现社会主义现代化远景目标。党的十九大对实现第二个百年奋斗目标作出分两个阶段推进的战略安排，即到二〇三五年基本实现社会主义现代化，到本世纪中叶把我国建成富强民主文明和谐美丽的社会主义现代化强国。"[1]确定了全面建设社会主义现代化国家的目标。党的十八大以来，上海高标准对标现代化，率先实践国资国企、金融体制等领域的改革探索。近年来积极推进"五个中心"建设，即建设国际经济中心、国际金融中心、国际航运中心、国际贸易中心和具有全球影响力的科技创新中心。上海的改革实践和积累的经验将为上海发挥在长三角一体化建设中的示范引领作用发挥积极作用。

---

[1] 《中共中央关于制定国民经济和社会发展第十四个五年规划和二〇三五年远景目标的建议（二〇二〇年十月二十九日中国共产党第十九届中央委员会第五次全体会议通过）》，《人民日报》2020 年 11 月 4 日。

# 二、上海发挥在经济建设中的引领作用存在的短板

上海在经济方面尽管目前已经取得巨大成就，但是还存在一些短板制约着上海更好地发挥在经济建设中的引领作用，制约着上海建设国际一流大都市。

## （一）在产业集聚等方面存在的短板

产业集聚不仅对于发挥产业规模效益，推动绿色发展至关重要，同时也是优化资源配置方式，提升产业集聚区创新能力的重要实践路径。产业集聚可以使得不同企业、不同产业能够共享相关中间产品，从而带动产业转型升级，减少污染浪费，尤其是在产业集聚中可以优化专业分工，合理精准地配置生产要素，推动节能减排水平的提升和生产技术水平的提升，发挥技术的溢出效应，降低能源资源消耗，减少碳排放等。产业集聚不仅有利于推动产业绿色发展、高质量发展，也有利于产业的创新能力提升，进而提升区域创新能力。同时，产业集聚对于消费水平的提升和民生改善也具有重要作用。产业集聚带来一定区域产业的高质量发展，使得一定区域的产品能够获得更多的价值，产业劳动者必然获得较高工资收入，带动消费升级和人民对美好生活需求的提升。产业集聚能够减少企业的生产经营成本，有利于规模经济效用的发挥。产业集聚还能够为就业水平和就业质量的提升发挥重要作用，就业是民生之本，其

是否稳定至关重要，而且产业集聚带来的规模化产业运营，必然需要大量劳动力，这为解决就业问题提供了重要帮助。因此，产业集聚的意义重大，其不仅有利于区域创新水平的提升，也有利于改善民生，提高经济发展的水平和质量。上海作为全国产业发展相对发达地区和产业密集地区，在产业集聚方面应发挥示范引领作用，但是目前上海在产业集聚方面还存在一些短板，主要表现在如下几个方面：

一是上海制造业对区域创新的促进作用存在不足。上海制造业在某些领域走在全国前列，但是还存在对周边区域创新能力提升的促进作用不足等问题，包括对上海周边长江经济带、"一带一路"沿线区域、长三角区域等创新能力的促进方面还存在明显不足，有的产业还存在集聚过度等问题，这种过度不仅不能对产业发展产生促进作用，反而会造成产业创新和效率低下。这种情况表明，在促进制造业产业集聚过程中应进行合理的规划和引导，充分考虑产业的异质性，通过政策制度的有效设计使得制造业等产业集聚的创新功能得以充分发挥，即发挥各类产业主体在创新中的作用。上海制造业等产业在对上海周边产业集聚方面也存在有待进一步完善的空间，目前苏南和浙江部分区域在产业集聚方面还未实现和上海制造业有效融合对接，一定程度上影响了上海制造业等产业对区域创新的促进作用。

二是上海制造业等产业与知识密集型产业之间还存在有待协同集聚的空间。上海作为科技创新的高地，拥有复旦大学、上海交大、同济大学及中科院上海分院等全国著名高校和科研院所等科研资源，为上海知识密集型产业的发展提供了重要助力，但是目前上海知识密集型产业的创新能力，尤其是对区域创新的推动能力还有待进一步提升，这表明上海的知识密集型产业还未充分发挥集聚效应。对此，上海应通过切实举措，进一步集聚上海知识密集型产业，进一步发挥上海知识密集型产业的技术溢出效应，引导企业加强与高校、科研院所的产学研合作，使上海知识密集型产业对区域创新的作用得到有效彰显。但是目前还存在一些影响区域创新的因素，如知识密集型产业与制造业等产业的融合还存在明显短板，不利于发挥知识密集型产业与制造业等产业的协同集聚效应，从而影响区域创新能力的提升。因此，上海市委、市政府在制定和出台促进知识密集型产业和制造业等产业协同发展的政策时，应进行精准设计，加快制定上海知识密集型产业与制造业相互促进、协调联动的政策。

### （二）在经济辐射性等方面存在的短板

经济辐射性对于促进区域协调发展具有重要作用，上海作为全国经济中心、贸易中心，同时也是我国交通枢纽的关键环节，理应发挥经济辐射作用，带动区域经济协同发展。在区域经济中，从理论上看应当进行区域经济协同发展，但现实情况是各区域由于地域自然条件、城市发展政策、地理位置等的不同，导致其经济发展状况也呈现不同水平，就连在全国相对发达的长三角区域，其内部也存在区域发展的不均衡问题，如江苏的苏南苏北之间存在着一定的发展失衡问题，上海、江苏、浙江、安徽之间也存在着发展不平衡的问题。但是在这种经济发展不平衡之中往往存在着一个或者多个中心对于其他区域具有经济辐射功能，在长三角区域中很显然上海就属于这个中心，这一中心对于周边省市具有重要的辐射作用。

发挥经济辐射作用对区域经济协同发展至关重要。有些中心城市因为比较发达，容易吸引周边城市的优质资源，造成中心城市与周边城市之间的发展差距扩大，加剧区域发展的不均衡性。而发挥中心城市的经济辐射性，就是通过技术溢出和产业转移等手段，对周边经济的发展产生经济辐射性，在这一过程中实现各种资源的优化配置和协同联动，带动周边城市的产业转型升级和对接融合发展，从而实现中心城市和周边城市的共同发展。上海应发挥对周边城市的经济辐射性，实现上海对周边城市的"反哺"，建立更大范围的经济增长极，实现更大范围的共同发展。但是上海目前对周边城市的经济辐射性还存在一定的短板，存在有待完善的地方，主要表现在如下方面：

一是上海对周边城市的经济辐射主要表现为第二、第三产业对周边城市的经济辐射，科技产业的辐射性存在不足。改革开放以来，上海的经济辐射性带动了长三角区域经济的快速发展，江苏苏南的乡镇企业承接了上海一些产业的零部件生产而得以快速发展。因此，上海作为全国中心城市、国际大都市在经济辐射性方面的作用是巨大的。但是我们还要看到目前上海对周边城市的经济辐射主要集中于第二、第三产业，如制造业等需要周边城市进行相关制造业的配套生产，缺少高端关键环节的配套，一些关键零部件的配套还需要进口。可见，上海第二产业对周边城市的经济辐射性停留在中低层次的经济辐射性，这种辐射性尽管也能带动周边城市的经济发展、民生改善，但是不利于其他城市的高质量发展。上海第三产业对周边城市的影响方面也存在这方面的问题。

二是上海的一些经济资源还未充分发挥对周边城市的反哺辐射作用。市场经济条件下，一些经济资源在表现形式上肯定会趋向更加能够获得收益的地方。因此，上海城市周边的优质资源，如人才资源、产业资源、生产要素、资本要素等也有向上海转移的趋向，不利于区域均衡发展。关于区域协调发展，党中央、国务院非常重视，习近平总书记指出："新形势下促进区域协调发展，总的思路是：按照客观经济规律调整完善区域政策体系，发挥各地区比较优势，促进各类要素合理流动和高效集聚，增强创新发展动力，加快构建高质量发展的动力系统，增强中心城市和城市群等经济发展优势区域的经济和人口承载能力，增强其他地区在保障粮食安全、生态安全、边疆安全等方面的功能，形成优势互补、高质量发展的区域经济布局。"①基于此，必须加快推进上海对周边城市经济资源的合理配置，使得经济资源能够实现共建共享。

三是上海及周边区域的开放度还存在提升的空间。上海及周边城市位于改革开放的前沿区域，是我国对外开放的领先者和领跑者之一，为更好地发挥上海的开放发展对周边城市的辐射带动作用，

①　习近平：《推动形成优势互补高质量发展的区域经济布局》，《求是》2019年第24期。

必须进一步提升上海及周边城市的经济开放度。但目前，上海及周边城市在对外开放度方面还存在有待提升的空间，如还未建立协同联动的开放合作机制，上海及周边城市丰富的港口资源也未实现联动发展，另一方面，上海周边城市要想更好地承接上海的经济辐射的正面效应，就必须加大政策制度创新，提升对外开放度，如此才能真正发挥上海中心城市的经济辐射作用。

### （三）在科技创新等方面存在的短板

作为我国最大的经济中心城市和贸易口岸，上海历来是联通中外市场、促进国内国际双循环的枢纽节点，其独特的区位优势和强大的综合实力，使上海在长江经济带中处于当之无愧的龙头地位，在长三角一体化战略中处于关键核心位置，在服务国家"一带一路"建设中居于桥头堡地位。上海应以建设具有全球影响力、国际一流的全球科技创新中心为契机，充分发挥其在科技创新方面的引领带动作用，辐射带动"一带一路"、长江经济带、长三角一体化等区域的创新发展。但是目前上海在发挥科技创新作用方面还存在短板，制约了上海科技创新引领作用，进而影响上海发挥在经济建设中的引领作用。这些短板具体如下：

一是上海的优质创新资源优势尚未充分彰显和有效发挥。上海聚集了复旦大学、上海交大、同济大学等国际一流高校和中科院上海分院等科研院所，具有科技创新能力彰显和发挥的基础，但是上海的科技创新资源辐射主要集中于对苏州、无锡、南京、常州、南通、嘉兴及湖州等周边城市和地区的辐射，而随着范围的扩大，上海的科技创新辐射逐渐递减，辐射效应逐渐降低，尤其是在长三角、长江经济带上的一些城市的高校和科研院所等科技创新资源相对较少，如何发挥上海的科技创新资源优势成为带动这些城市和地区科技创新的关键。

二是科技创新合作制度方面还存在不足，制约了上海发挥科技创新引领示范作用。尽管长三角一体化、长江经济带等已经上升为国家战略，但是目前还未有相关科技合作的制度设计。只有具备完善精准的制度体系，将制度优势转化为治理效能，才能为上海在科技创新方面发挥示范引领作用提供治理效能。

三是上海自身的科技创新也有待加强，形成支撑上海建设全球科技创新中心的强大合力和坚强动力。上海在整合已有创新资源等方面还存在不足，存在各自为战的状态，虽然在某些领域这种状态是合适的，但是在一些关键领域、关键环节应充分发挥协同作用。

四是上海在引领世界前沿科技方面还存在有待完善的空间。习近平总书记在参加中国科学院第十九次院士大会、中国工程院第十四次院士大会开幕式上指出："中国要强盛、要复兴，就一定要大力发展科学技术，努力成为世界主要科学中心和创新高地。"[①]但是目前上海与建设全球科技创新中心的目标还有很大差距，尤其是与美国硅谷等世界先进科技水平还有很大距离。因此，瞄准世界前沿

---

①　习近平：《在中国科学院第十九次院士大会、中国工程院第十四次院士大会上的讲话》，《人民日报》2018 年 5 月 29 日。

科技，加快技术创新意义重大。上海在引领世界前沿科技方面的短板主要体现在如下方面：第一，上海尽管在一些领域拥有世界前沿科技，但是还未形成引领世界前沿科技的高科技产业集群；第二，虽然上海在科技创新方面走在了全国前列，但是其成果转化还需要进一步加强，存在有待深化的空间；第三，上海还需加强引领世界前沿科技创新的制度建设，为上海引领世界前沿科技提供制度保障。

# 三、上海发挥在经济建设中的引领作用的实践路径

习近平总书记对上海的发展寄予了殷切的期望，他在担任上海市委书记期间就明确了上海的定位，提出了"四个放在"，即把上海发展放在中央对上海发展的战略定位上，把上海放在经济全球化的大背景下，放在全国发展的大格局中，放在国家对长江三角洲区域发展的总体部署中来思考和谋划。新时代背景下的上海，应充分展现在经济建设中的引领示范作用，尤其在数字经济等新经济、新业态等方面发挥引领作用，展现责任和担当。

## （一）发挥上海在新经济新业态等方面的引领作用

人类社会发展史表明，要想实现更好地发展，必须把握新科技革命的机遇。因此，上海作为中国科技创新的高地，应把握住这次

以数字技术、互联网等为主要特征的机遇，才能建设具有国际影响力的全球大都市，也才能落实好习近平总书记关于上海工作的重要论述。当前的全球化在一定程度上可以称为全球化的 3.0 版本，即新型全球化，是以互联网、网络基础设施建设为基础，通过互联网经济、平台经济、数字经济及智能经济实现全球化的发展。可以说新的全球化发展阶段如果引导得当，必将在促进全球化向包容普惠方向发展起到重要作用，在更大范围和规模促进商品流动，促进世界各国共享全球化发展成果。但是这一功能要想更好地实现，必须有能够展现责任和担当的国家和城市抢占数字科技、数字技术等数字经济新经济新业态的发展先机。在这一背景下，上海应在数字科技、数字技术等新经济新业态发展方面有所作为，发挥在全国数字经济建设中的引领作用，可通过如下路径进行实践。

一是上海除了自身加快推进数字技术、数字科技等新基建建设，还要积极推动与长三角、长江经济带、"一带一路"等新基建的互联互通建设。2020 年 5 月 8 日，上海发布了《上海市推进新型基础设施建设行动方案（2020—2022 年）》，对未来三年的投资领域、投资金额、建设任务和保障举措等都作了系统安排。该方案明确了凸显上海特色的"新基建"的四个重点领域，即以新一代网络基础设施为主要内容的"新网络"建设，以创新型的基础设施建设为主要内容的"新设施"建设，以人工智能等的一体化融合基础设施为主的"新平台"建设，以智能化终端基础设施建设为主要内容的"新终端"建设。下一步上海将通过以上四大建设行动方案，全力提升新型基础设施能级，确定了未来三年实施的第一批 48 个重大项目和工程包，预计总投资高达约 2 700 亿元。与此同时，上海应积极推动在长三角区域、长江经济带、"一带一路"区域等新基建建设，加快推动与长三角、长江经济带、"一带一路"等区域的网络互联互通建设，实现网络连通质量好、速度快。设施互联主要包括以下几个方面：首先，加强网络通信设施的互联互通，构建上海引领的全方位的、多领域的互联互通格局，实现卫星导航、无线信号等设施从上海到长三角、长江经济带及"一带一路"的全覆盖；其次，加强这些区域的通信光纤电缆等陆地基础设施建设，提升上海数字经济发展的空间，为上海在长三角、长江经济带及"一带一路"等建设中发挥示范引领作用提供基础保障。

二是加快推进数字技术产业化发展，积极拓宽数字技术产业合作范围。数字经济是当前最具活力的产业，已成为引领全球经济社会变革、推动我国经济高质量发展的重要引擎。上海必须不断加强与其他区域的数字技术的产业化合作，把自身数字产业做大做强的同时，积极向我国其他区域及"一带一路"沿线区域进行数字产业布局，加大与其他区域的投资合作，带动其他区域数字产业数字技术的发展。同时，上海要积极利用上海自贸试验区的优势，大力发展数字贸易，以数字贸易的发展促进数字产业的规模化发展。积极发挥数字平台优势，实现上海的数字产业与国内其他区域及"一带一路"区域的电商平台进行合作。

三是加快上海引领的数据要素互通建设。数字经济要想实现更好的发展，离不开资金、物流和数据等因素的支撑，上海要加快大数据发展和建设，为在全国起到示范引领作用提供助益。同时，还应加快物流的发展，把上海建设成支撑跨境电子商务发展的国际物流中心。

四是为构建网络空间命运共同体贡献力量，与世界各国共同应对网络安全等问题。网络技术、数字技术的发展，在带来巨大发展机会的同时，也带来系列问题和挑战，如一些西方大国凭借在互联网、大数据等方面的技术优势实施数字霸权，恐怖分子利用网络实施网络恐怖主义。随着互联网的发展，各国之间已经形成网络空间命运共同体，因此，上海应在应对网络问题，推动构建网络空间命运共同体方面有所担当。

五是加快科技创新步伐，实现以科技创新促进数字经济等新经济新业态的科技创新动能明显提升，从而为上海发挥在经济建设中的引领作用提供科技支撑。我国目前已经开启了高质量发展之路，要想走深走实这一条道路，离不开强大的科技支撑。党的十八大以来，以习近平同志为核心的党中央把科技创新提高到前所未有的高度；习近平总书记在党的十九大报告中强调，创新是引领发展的第一动力，是建设现代化经济体系的战略支撑。我们要充分认识到科技创新与经济建设存在高度的关联性，在新的科技革命来临之际，牢牢把握机遇，高度重视科技创新对经济发展的支撑作用，高度重视科技创新对数字经济等新经济新业态发展的重要性。基于此，上海应进一步加大科技创新步伐，对数字经济等新经济新业态的发展提供源源不断的政策、资金支持，使其能够走在全国前沿，起到引领示范作用，从而为培养经济发展新动能提供助益。

### （二）发挥上海在民生经济方面的引领作用

民生经济发展成效与老百姓的幸福感、获得感和安全感的提升息息相关。新中国成立以来，我们党坚持把以人民为中心贯穿于经济建设始终。习近平总书记指出，要把资源真正用到发展经济和改善民生上来。李克强总理多次强调应大力发展小店经济，指出支持个体工商户纾困有利于稳定亿万家庭生计，并多次到小店考察小店经营情况，为小店经济的发展加油鼓劲。新中国成立以来的70余年经济发展史可以说就是一部人民群众获得感不断增强的历史，但是我国人口基数大、底子薄，要想从根本上解决这一问题还需要采取更加精准的举措，建立长效机制，着力推进民生经济的发展。保障和改善民生是一项需要持续推进的伟大事业，随着国家的富强，人民对于获得感的追求将会呈现更高层次，因此保障和改善民生没有终点。作为改革开放的前沿阵地、经济发展高地的上海应充分发挥在民生经济方面的引领作用，尤其是在新冠肺炎疫情对经济发展造成的负面影响下，很多收入本来就不是很高的百姓，其收入来源面临更大挑战，因此，上海在这方面应通过切实举措，促进民生经济发展。

在提出上海发展民生经济的具体举措前，还应对当前影响民生发展的因素进行分析。一是科学技术的进步，尤其是智能制造的发展给人工就业带来很大挑战。以机器人为主要表现的人工智能技术的发展，成为推进全球经济发展的重要引擎，但其在推动社会进步和生产力发展的同时也代替了原有的人工就业机会。"营改增"的政策在促进企业增加设备更新换代，促进生产力发展的同时，也使得部分人工岗位由于设备的先进性而被取代。这种情况在科学技术相对发达的上海更加明显，现在上海一些餐厅已经尝试使用机器人进行点餐、送餐服务。二是去产能的推进在带来经济高质量发展的同时，也减少了一些就业岗位。去产能的行业企业多为就业大户，这些企业在去产能后不可避免地进行裁员等，这些问题在上海也存在，成为影响上海经济发展的重要因素。三是民间对于实体经济的投资下滑也在一定程度上影响居民收入，使居民就业更加困难。近几年来，民间投资实体经济的趋势呈现明显下滑态势，在一定程度上造成了居民收入下降，不利于高端需求释放，进而阻碍高质量产品的生产，从而影响人民日益增长的美好产品的供给。四是上海的房价也相对过高，这也对上海市民获得感提升带来一定影响。

基于此，上海应通过创新举措，大力发展民生经济。

第一，着力发展满足上海市民对美好生活需要的民生项目。中国特色社会主义进入新时代，不仅是提高经济发展的质量和效益的新时代，而且也是满足人民群众对美好生活需要的新时代。因此，上海在发展民生经济，进行民生项目投资时，应注重主动契合满足人民群众对美好生活需要的项目供给，以项目供给水平的提升，拓宽就业空间和渠道，进而满足人民群众日益增长的对美好生活的需要。

第二，不断提升公共服务业水平，拓宽公共服务业领域。公共服务业在经济发展和民生改善方面的作用至关重要，长期以来，服务业在提升人民收入，解决就业等方面发挥了重要作用。党的十八大以来，党中央、国务院为了适应高质量发展的要求，实施了供给侧结构性改革，供给侧结构性改革对于经济发展的积极意义是毫无疑问的，但是也带来了一些失业情况的发生，在这种情况下服务业在解决就业方面发挥了重要作用，不仅吸纳了大量的就业群体，而且稳定了这些群体的收入问题。

上海还应继续推进公共服务的基础设施建设的均等化，打造上海各区域均等化、一体化的公共服务体系。目前公共服务的不平衡不充分问题也是我国发展不均衡不充分的具体体现。习近平总书记在党的十九大报告中指出："中国特色社会主义进入新时代，我国社会主要矛盾已经转化为人民日益增长的美好生活需要和不平衡不充分的发展之间的矛盾。"①因此，加快补齐影响人民美好生活实现的民生短板，应建立民生项目与经济效益协同联动的投入增长机制，坚决摒弃民生经济就不能盈利的理念，树立投资民生经济不仅能够带来民生的改善，还能够获得经济效益的科学理念，从而为政府投资民生经济打牢基础。上海市委、市政府应为民间资本投资民生经济提供政策制度保障，引导更多的民生资本投入民生经济领域，从而为上海市民共享经济发展成果提供可持续保障。

第三，加大房地产调控力度，进一步强化住房的惠民属性。习近平总书记在党的十九大报告中指出："坚持房子是用来住的、不是用来炒的定位，加快建立多主体供给、多渠道保障、租购并举的

---

① 习近平：《决胜全面建成小康社会　夺取新时代中国特色社会主义伟大胜利——在中国共产党第十九次全国代表大会上的报告》，《人民日报》2017年10月28日。

住房制度，让全体人民住有所居。"①上海房价相对较高，市民家庭收入用于还房贷部分占比也较高，生活压力较大，直接影响到提升上海市民的幸福感、获得感和安全感，因此必须加快住房制度改革，确保住房的惠民性导向，深入落实好住房是用来住的，而不是用来炒的定位。

第四，把民生项目纳入 GDP 中进行考量，从根本上解决有的官员不重视民生项目等问题。针对目前经济领域的核算没有把一些公共服务的供给纳入其中的现实，应进一步完善国民经济核算体系，使 GDP 不仅能够体现经济增长、经济效益的提升，也能够体现百姓的获得感、幸福感的提升。因此，应把民生事业、民生项目进一步纳入国民经济核算体系进行考量，不断创新统计的方式方法，使其更加科学、合理。

第五，高标准推进精准扶贫，借助上海的产业优势，创新创业扶贫的方式方法，让产业的发展真正惠及普通百姓。产业扶贫项目是民生项目中一个可持续发展项目，对于补齐民生短板具有重要作用。上海应进一步依靠产业优势，把产业发展与扶贫结合起来，以高标准的扶贫提前完成决胜全面小康的任务，开启全面建设社会主义现代化强国的阶段。

第六，加快夜市经济的发展，为新冠肺炎疫情背景下的"六稳""六保"落到实处提供保障。在"六稳""六保"中就有关于稳

---

① 习近平：《决胜全面建成小康社会　夺取新时代中国特色社会主义伟大胜利——在中国共产党第十九次全国代表大会上的报告》，《人民日报》2017 年 10 月 28 日。

就业、保民生和保就业等内容，但是如何来落实稳就业、保民生、保就业呢？其中，夜市经济是当前能够迅速恢复城市烟火气，解决一部分百姓就业的重要渠道。因此，上海应加快夜市经济、小店经济发展的顶层设计，通过有效的顶层设计，为上海夜市经济、小店经济发展提供政策制度保障。同时，还要处理好建设和治理超大城市与引导夜市经济、小店经济发展的关系，给底层百姓更大的生存空间。

第七，加快推进养老产业的发展，形成发展新动能。目前我国人口老龄化趋势明显，上海人口老龄化问题更加凸显，虽然这一方面表明上海在医疗和社会保障等方面进入全国前列，另一方面老龄化也带来了系列挑战。这种挑战具体表现在如下方面：第一，人口结构分布不均衡，上海人口的老龄化程度至少早于全国 20 年，其最大的特点是老龄人口多，青壮年人口相对较少，这不利于上海发挥优势。第二，上海中心城区仍然面临人口的聚集等问题，这种聚集带来社会保障、公共服务供给不足和城市拥堵等问题，一定程度上使得老年人的幸福感受到影响。这些问题的存在如果不能很好地解决不仅影响上海的创新活力，也影响上海老年人口幸福感的提升。但是如何来破解这一问题，大力发展养老及相关产业促进城市创新活力，为老年人提供养老保障是关键，因为养老产业的发展必然带动其他系列产业的发展，例如家政服务、医疗等产业的发展。

基于此，上海应进一步做好相关规划，推动养老产业高质量发展。首先，上海应做好养老产业发展的定位和顶层设计，根据老年人口的退休待遇和家庭实际情况等，靶向精准地发展养老产业，从而适应不同老年人口的现状和需求。同时，还应建立养老产业可持续发展的政策和资金支持体系，为养老产业发展提供可持续保障。其次，积极探索医养结合的养老产业发展模式。人口进入老龄化必然会出现一些疾病，这些疾病要想得到及时救治，关键依靠医疗保障。因此，上海应深入推进医疗资源与养老资源的结合，构建医养共同体，为上海老龄人口提供周到的医疗服务保障。第三，积极利用上海的大数据、数字技术、数字科技等技术优势，把这些优势充分融入养老产业的发展，打造智慧养老新模式，为老年人的健康管理提供科学的测量和服务，通过数据及时了解老年人的生活状况，积极推动上海老年人健康管理的信息化、科学化。第四，加快涉及养老产业领域的新基建建设，为养老产业的信息化和养老服务的信息化提供基础保障。

## （三）发挥上海在实体经济发展方面的引领作用

实体经济在国民经济发展中的作用至关重要，是国民经济发展的基石，一个国家，一个地区如果实体经济出现问题，将会出现经济危机等风险。2008 年由美国次贷危机引起的席卷全球的金融危机，究其根源就是如此。发达资本主义国家实体经济脱实向虚造成的这场金融危机时至今日其危害仍然存在，美国等一些西方国家目前还未走出这次金融危机的影响，经济上呈现复苏乏力等态势。观察美国的实体经济发展现状可知，美国等西方国家的实体经济存在着严重的空心化问题，一些资本纷纷流向所谓赚钱快的虚拟经济领域，极易诱发金融危机，而且也会造成就业机会的减少，人民收入水平的降低，正是基于此，美国近几年来也实施了系列恢复实体经济的举措。但是美国的举措也存在一定的问题，如不顾全球化发展的大势，强行要求一些跨国公司在本国发展实体经济，违背了市场经济规律。同时，美国等西方国家还把自身的经济复苏乏力归结为全球化的影响，并实施了系列逆全球化举措，如对中国发动贸易战，对进口美国等西方国家的产品提高关税，设置贸易壁垒等。

党的十八大以来，以习近平同志为核心的党中央为了促进实体经济发展，提出了系列论断，进行了系列实践。2018 年习近平总书记在广东考察时对于实体经济对于强国大国建设的重要性作了重要论述。他指出，从大国到强国建设，实体经济发展在其中都起到重要的作用，因此，任何时候绝不能脱实向虚。习近平总书记在党的十九大报告中指出："建设现代化经济体系，必须把发展经济的着力点放在实体经济上，把提高供给体系质量作为主攻方向，显著增强我国经济质量优势。加快建设制造强国，加快发展先进制造业，推动互联网、大数据、人工智能和实体经济深度融合，在中高端消费、创新引领、绿色低碳、共享经济、现代供应链、人力资本服务等领域培育新增长点、形成新动能。"①受新冠肺炎疫情的影响，国家和各省份都实施了系列刺激经济发展的举措，这种举措在促进经济发展的同时，也带来了一些风险，极易引发经济脱实向虚。对于

--------

① 习近平：《决胜全面建成小康社会 夺取新时代中国特色社会主义伟大胜利——在中国共产党第十九次全国代表大会上的报告》，《人民日报》2017 年 10 月 28 日。

这一问题,作为我国先进制造业基地的上海应积极担当,为应对这些问题贡献上海力量,充分实践好习近平总书记关于上海工作重要论述,通过切实举措助力推动上海实体经济发展。

第一,应对疫情冲击,实施能够促进上海实体经济获得切实发展的财政政策和货币政策。受新冠肺炎疫情影响,上海和全国其他省市一样在一些领域出现了产业价值链断裂等问题,交通、住宿、旅游、生产等领域都受到疫情的严重影响。在这种情况下必须通过积极的财政政策和灵活的货币政策促进企业的复工复产,推动居民切实就业。但是如何使这种政策能够切实推动实体经济发展,保障民生呢?关键在于如下几点:首先,积极的财政政策应聚焦于新基建和民生领域,也就是说积极的财政政策的实施应与我国实体经济发展协同联动,切实促进实体经济发展。其次,在以信息技术为主要标志的新科技革命的背景下,这种积极的财政政策应以新基建建设为重要依托,通过新基建的建设不仅为数字经济等新经济新业态的发展提供助力,而且促进实体经济的转型升级发展,促进经济结构转型升级也具有重要作用,向高质量转型,从而满足人民日益增长的对美好生活的需要,提升人民群众的幸福感、获得感。

在货币政策的实施上应建立向中小企业支持的政策体系。中小企业同样是保民生、惠民生、促进经济发展的重要力量,党的十八大以来,以习近平同志为核心的党中央高度重视中小企业的发展,为推进中小企业的发展实施了调税降费、通过放管服改革降低企业负担等系列举措。广大中小企业长期面临融资难、融资贵难题,营商环境不能得到很好保障,相对比较脆弱,容易受到外部风险的影响。然而中小微企业不仅为国家创造了巨大的财富，也为就业提供重要的保障，如果这部分企业不能实现稳健的发展，极易造成社会动荡等问题。2020 年 4 月 17 日，中共中央政治局召开相关会议，明确指出货币政策要能更好地支持实体经济，尤其是中小微企业的发展。上海应通过更加灵活的货币政策，建立支持上海中小企业发展的货币政策供给体系，为中小企业发展提供更加广阔的发展空间，助力中小企业发展，尤其是上海作为全国创新高地，中小企业大多属于高科技公司，如果这些企业能够很好地发展，不仅对于上海发挥在全国经济中的引领作用具有重要意义，而且对于我国科技强国建设也具有重要意义。

第二，进一步优化支持实体经济发展的发展环境，建立应对实体经济风险的应对体制，提高上海经济的抗风险能力。一是建立健全应对突发事件的科研及科研成果产业化的投入机制。放眼全球受新冠肺炎疫情的影响，当今社会风险度很高，积极应对这一风险首先应有医疗物资、救援物资等相关物资保障，以此来捍卫人民生命健康安全。基于此，上海作为全国科研和产业高地，应及早布局，加大生物疫苗等生物医药、医疗救援物资、食品安全等的研发和成果转化的投资，为突发事件提供物资保障的同时，率先实现在这一领域的突破，抓住相关实体产业在全球发展的先机，掌握主动权。二是落实习近平总书记对上海工作的重要指示，不断创新举措，打造基于人类整体利益的经济结构模式，进一步优化经济结构，使其经济活力和国际竞争力得以进一步彰显。三是结合自身优势加快布局现代化产业价值链体系，为实体经济高质量发展，参与全球竞争提供坚实保障。积极利用上海原有的产业优势，结合数字技术、数字产业等新技术优势，进行深入融合，从而实现上海产业价值链的高水平重塑，通过瞄准世界科技前沿技术，加快重塑的能级和水平，打造具有高附加值、具备全球影响力和竞争力的现代化产业体系，实现向全球价值链中高端攀升。

上海还应采取切实举措促进产业集聚，为实体经济产业集聚打造良好环境，提供保障。第一，加快基础设施建设，为产业集聚提供设施保障。基础设施对于一个地区经济发展具有重要的促进作用，完善的基础设施不仅能有效提升区域内的生产力水平，也能够为产业集聚创造良好的发展环境。因此，要把产业集聚好，引进来，必须建设好基础设施，但是基础设施具有非竞争性和非排他性等特点，是属于公共产品的供给，加之，这一公共产品由于投资周期长，建设进度大、投资大，一般很难吸引民间资本进入，对此，要想促进产业集聚，需要政府加大对基础设施的投资力度，做好筑巢引凤的基础工程，为产业集聚创造良好的运营环境。具体而言，上海应加快道路、机场、港口等基础设施建设，积极对接长三角、长江经济带及"一带一路"沿线区域，加快新基建建设步伐，为产业集聚创造良好环境。同时，还应加快建立使上海产业高质量集聚、高质量发展的人才队伍建设，建立常态化可持续的人才供给体系，进一步优化居住环境，加快医疗资源、教育资源的建设和供给，以满足人才集聚带来的对这些资源的需求。第二，加快建立高效精准的公共服务体系，为产业集聚提供系统化、科学化、精准化的服务平台。党的十八大以来，我国经济进入新常态，开启了高质量发展之路，但是这一条路并不是一帆风顺的，在实践中会遇到各种问题。当前我国经济正处于转向高质量发展的攻关期，如何顺利转向高质量发展之路，关键就在于实施创新驱动发展战略，而公共服务体系建设能够整合创新资源，提升区域创新能力。因此，上海应加快建立和完善涉及各方的公共服务体系，推动产业集聚区的创新发展。具体而言，上海市各级政府部门应充分把握产业发展趋势，结合时代特点，通过为产业集聚提供技术服务、金融服务，助力产业集聚过程中的各种资源和要素更好地发挥作用，实现资源利用的最大化，使产业集聚后其内部的各企业能够更好地分享技术、资源等，实现规模经济的最大化。一是搭建投融资服务平台，为产业集聚发展提供金融保障。二是搭建技术服务平台，打造市场导向的技术服务平台，为产业集聚创新水平和能力的提升提供保障。三是针对产业集聚涉及的各领域各方面，打造系统全面的产业服务体系，为企业提供评估、物业管理、法律咨询等精准服务，从根本上解决产业集聚后公共服务供给不足及服务体系不完善等问题，助力上海产业集聚区的创新发展。第三，加快完善有利于产业集聚发展的制度环境。一是产业集聚是各种因素协同发力的结果，如果没有精准的制度保障，很难使产业集聚发挥应有的功能。良好的制度环境是推进产业集聚有效发展的重要保障，也是推进国家治理体系和治理能力现代化的重要标志，因此，必须加快完善相关制度体系建设。上海市政府及各部门应加快相关制度体系建设，建立内涵丰富的有利于产业集聚的制度体系，既要加强法规等正式的制度建设，也要出台产业集聚的信用评估体系等非正式的制度体系，尤其是要

通过有效的制度设计加大对产业集聚涉及的知识产权保护。二是为
上海产业集聚打造良好的信用环境、发展环境，着力打造凸显公平
正义的发展环境。三是加快建立积极的财税政策，为产业集聚提供
财税支持。目前就世界范围来讲，各国产业集聚也主要依靠税收政
策制度创新。因此，上海推动产业集聚应通过切实的举措推动税收
政策制度创新，应加大政府财税政策创新对产业集聚的引导性、扶
持性，建立和完善现代化的投融资体系，建立多元化的资金支持体
系，为产业集聚提供资金保障。同时，还应建立健全权力运行的监
督体系，鼓励各种力量对权力运行进行监督，形成各方合力共促权
力公平运行的监督制度体系。

# 第二章　上海发挥在长三角一体化
## 建设中的引领作用

党的十八大以来，习近平总书记多次强调上海要发挥在长三角一体化中的示范引领作用，要有所担当。2014 年 5 月，习近平总书记亲临上海考察调研时指出，发挥上海在长三角地区合作和交流中的龙头带动作用，既是上海自身发展的需要，也是中央赋予上海的一项重要使命。

## 一、上海发挥在长三角一体化建设中引领作用的主要经验

长三角一体化建设是一个不断完善和提升的过程，前景广阔。当前上海已经积累了很多好的做法和经验。

### （一）提升上海服务长三角一体化的服务能级

上海积极落实习近平总书记对上海的要求和期望，不断推动自

贸试验区、浦东新区等开放主体的营商环境优化、社会治理、创新驱动发展等领域的制度创新和实践，在为我国构建全面开放新格局、进一步扩大开放先行先试探路和积累经验的同时，进一步增强了上海作为世界一流大都市建设目标的服务能级。中共上海市委十一届九次全会审议通过了《中共上海市委关于深入贯彻落实"人民城市人民建，人民城市为人民"重要理念，谱写新时代人民城市新篇章的意见》，进一步为上海提升服务能级、建设国际一流都市指明了方向，强调把做优做强城市核心功能作为主攻和强攻方向，面向全球、面向未来拓展功能，夯实基础夯实功能，不断强化科技创新策源、全球资源配置、开放枢纽门户、高端产业引领的"四大功能"。可见，上海的发展和定位是在全球、在全国、在长三角发挥示范引领作用，为了实现这一目标，上海已经在持续努力、积极实践，站在国家发展大局中承担更高历史使命。

### （二）强化区域协调发展思维

推动长三角区域的一体化发展、开放发展，离不开思想意识的解放和对开放发展理念的落实。党的十九届五中全会通过的《中共中央关于制定国民经济和社会发展第十四个五年规划和二〇三五年远景目标的建议》指出："坚持深化改革开放。坚定不移推进改革，坚定不移扩大开放，加强国家治理体系和治理能力现代化建设，破除制约高质量发展、高品质生活的体制机制障碍，强化有利于提高资源配置效率、有利于调动全社会积极性的重大改革开放举措，持续增强发展动力和活力。"①落实党的十九届五中全会精神的关键在于把城市的发展融入区域发展、全国发展、世界发展之中。在合作共赢为主导的当今时代，城市与区域发展已经由原来的竞争时代走向竞争与合作协调联动的新时代。近几年来，上海积极落实习近平总书记对上海工作的重要指示，立足上海实际，借鉴世界大城市发展经验，着力打造社会主义现代化国际大都市，不断通过切实举措与长三角周边地区进行合作，并积累了丰富的合作经验。

### （三）注重顶层设计的区域融合规划

在开启全面建设社会主义现代化国家的新征程中，推进长三角一体化建设首先要进行良好的顶层设计。2020 年 1 月 10 日，上海发布了《贯彻〈长江三角洲区域一体化发展规划纲要〉实施方案》，提出到 2025 年，长三角一体化发展方面的相关体制机制全面建立，跨区域多领域多层次深化合作达到较高发展水平，上海在长三角一体化建设中的龙头带动作用更好发挥。在长三角区域建设规划方面，提出加快编制上海大都市圈空间协同规划，首先提出将组成的"1＋8"区域协同发展格局，统筹协调布局好上海与苏州、无锡、南通、常州、嘉兴、宁波、湖州、舟山等周边城市之间的关系，发挥好上海在空间规划方面的协调引领作用；同时，上海还不断加强

---

① 《中共中央关于制定国民经济和社会发展第十四个五年规划和二〇三五年远景目标的建议（二〇二〇年十月二十九日中国共产党第十九届中央委员会第五次全体会议通过）》，《人民日报》2020 年 11 月 4 日。

在功能、环境、交通等方面的衔接作用，特别提出支持嘉定—昆山—太仓、金山—平湖、枫泾—嘉善、虹桥—昆山—相城等跨省市城镇合作。为了有效推进长三角一体化建设落到实处，长三角区域三省一市成立的长三角一体化合作办公室的办公地点也设在上海，专门负责长三角一体化建设的各项工作的落实和推进，从而有效降低在各领域推进的成本，提升长三角一体化的建设效率。这些经验有待进一步推广和实践。

## 二、上海发挥在长三角一体化建设中的
## 引领作用存在的短板

习近平在 2007 年担任上海市委书记期间就指出上海应发挥在长三角一体化建设中的引领作用。近几年来上海在贯彻落实习近平总书记关于上海工作重要论述方面取得了系列成效，尤其是发挥在长三角一体化建设中的引领作用方面起到了重要的作用。但是要想更好地发挥上海在长三角一体化高质量发展中的引领作用，还需要进一步解决发展中存在的问题。

### （一）长三角地区存在的结构性问题

把长三角区域建成高质量发展的示范区，必须在结构等方面合理布局，解决实体经济与虚拟经济、产业结构、数字经济与实体经

济等方面存在的结构有待优化等问题。党的十八大以来，党中央实施了供给侧结构性改革，进行了结构调整优化。长三角区域虽然是改革开放的前沿阵地，经济等方面的发展相对优于其他地区，但是其在结构等方面还存在一些问题，有待进一步完善，主要表现在如下方面：

一是长三角区域在产业结构方面存在有待优化的空间。世界发达区域一般产业结构较为成熟合理，产业质量较高，处于全球价值链中高端，而长三角区域尽管有些技术和产业在全球价值链中处于中高端位置，但是就整体而言，还未实现向全球价值链中高端攀升。不仅长三角区域内各省市内部的产业结构还有待完善，而且各省市之间的产业结构也呈现不均衡的状态，尤其是安徽的第一产业的比重农业较高。长三角区域内的服务业比重与世界发达区域也存在一定差距，即使是长三角区域服务业最发达的上海，其服务业比重也没达到伦敦 2010 年的水平。此外，长三角区域的各省市在产业发展层次上也存在巨大差异。这些结构性问题是制约长三角区域一体化发展的关键。

二是长三角区域经济结构的效能存在较大差距。目前，长三角区域在经济结构的效益和发展水平等方面存在较大差距。江苏苏南一些城市第三产业的增长速度明显高于上海的青浦等区，也明显高于安徽等省市。长三角三省一市制造业发展也呈现水平不一等问题，但总体上仍以传统产业为主，具有鲜明的省域特色。破除各地结构性难题的手段和举措有待创新。长三角区域经过多年的实践探索，在行政合作等方面取得了一些成效，但是还存在一些经济结构协调方面的行政色彩较浓的问题，各行其是现象仍在一定范围存在，行政壁垒还未打破，这些问题的存在给长三角一体化发展和产业结构协调联动制造了障碍，也影响了长三角一体化市场体系的形成。而且长三角各地对于结构调整的侧重点也有所不同，各地的经济结构调整在很大程度上还未放到长三角一体化的大局中进行考量。

三是长三角区域各省市在破解结构性问题等方面还缺乏足够的认识和有效的顶层设计。目前长三角各省市对于产业结构的布局尽管有一定的认识，但是对于空间结构的认识还存在不足，对于本城市在长三角一体化中的定位还停留在以上海为中心、浙苏皖为外围的城市格局上，这种空间格局尽管在一定程度上有利于空间的优化，但是随着形势的发展及长三角一体化高质量发展的推进，应切实转换为形成以上海为龙头，南京、杭州、苏州、南通、无锡、合肥等中心城市协同发展的城市空间布局，进而带动长三角城市空间的一体化发展，形成各城市之间优势互补的城市空间发展格局。

## （二）长三角地区战略资源统筹不强问题

目前长三角区域存在战略资源统筹不强的问题，直接制约了长三角区域一体化发展。战略资源的统筹协调至关重要，既可以减少资源浪费，提升效率效能，也是检验国家治理体系和治理能力现代化的重要方式。在长三角一体化这一目标确定后，应将长三角区域内各种战略资源进行整体考量，放在长三角一体化高质量发展中谋划整合，在宏观谋划的基础上开展具体实践，这也体现了一种全局观和集体主义精神。

　　长三角区域的建设目标是建设成上海大都市圈，需要解决上海与长三角其他城市之间的统而不筹的问题，这种统而不筹主要表现在如下方面：一是各地对自身在长三角中的定位和目标存在规划上的差异，这种差异性不利于长三角区域的战略资源的统筹。例如，上海和南通的布局存在明显的差异性。上海的崇明岛等沿长江地区以打造世界级生态岛为目的进行规划建设，而隔江的南通则在积极对接上海的经济，把沿江地区作为城市经济发展的主要经济带进行布局，两者显然在目标定位上存在差异，不利于对战略资源进行统筹协调。二是在战略空间上存在不统筹的问题。例如建设用地是城市发展的基础，是重要的战略资源，尽管长三角区域各城市对于建设用地能够很好地利用，但是未能实现主要产业的统筹。三是战略资源要素存在不统筹问题。长三角区域山水湖资源丰富，拥有东海海域、环太湖、长江等水资源，这些资源对于发展水运等具有重要支撑，同时长三角区域历史文化资源丰富，这些资源如果能够进行统筹整合，将极大提升长三角区域的城市能级。

　　在推动长三角一体化高质量发展中，战略资源统筹是重中之重，上海在统筹长三角区域资源一体化发展中应积极担当，更好地统筹好长三角区域的各种战略资源。近几年来尽管长三角区域各种战略资源已经形成了一体化的趋势，但是还存在有待进一步完善的地方，主要体现在如下方面：一是在陆海空资源的集成上存在不足。其一，目前南通、舟山、连云港、宁波及上海各大港口存在各自为政的情况，不仅不利于各自港口的自身发展，也不利于全球化的发展步伐，更不利于中国建设国际一流航运中心，亟须加快政策制度创新，形成以上海港为引领的长三角各港区协同联动的组合港发展模式，建设具有国际影响力的国际一流的长三角港口联盟中心。其二，长三角物流运输与海空运输之间的协同联动存在明显不足，影响了长三角区域各种资源的整合与对接。因此，应加快陆路资源的一体化运营，积极推动"一带一路"沿线中欧班列共建共享，提高运营效率，并积极推动海外物流中心的共建共享。其三，上海航空资源的辐射作用有待进一步彰显，目前还未形成长三角区域航空资源的一体化发展，上海第三机场即南通机场和上海浦东机场的定位有待进一步提升。二是在信息基础设施资源等方面未实现共建共享。目前长三角区域各省市之间在信息基础设施资源等方面还存在一定的不均衡性，即使在一个省的内部也存在这种情况，如江苏的苏南和苏北就存在信息基础设施分布不均等问题。三是在交通等基础设施资源方面未实现一体化发展。近几年来随着长三角一体化进程的加快，长三角区域交通一体化发展有所加强，但是还有待进一步完善，交通基础设施资源既是一种资源，也是实现其他资源空间位移和共享的关键。四是在科技资源、人才资源等方面未实现共享。目前长三角区域还未形成人才互认机制，未建立区域一体化的人才共享机制。如在职称评定、户口、身份认定、人才柔性引进、社保等方面还未形成共建共享的体制机制，还存在诸多障碍。长三角区域内科技发展水平的城市差异性明显存在，对此应充分整合长三角区域的科技资源，形成以上海为引领的长三角科技资源共享机制。

实现长三角区域战略资源统筹，必须在如下方面实现协同，为长三角区域协同发展提供保障。首先，要实现目标上的协同，即在战略资源统筹的目标上达成一致。统筹好长三角区域的战略资源是实现长三角区域协同一体化发展的关键，是实现长三角协同发展的龙头，因此，在战略资源统筹的目标上达成一致意义重大。其次，实现建设用地的统筹管理。建设用地是推进长三角一体化高质量发展的关键，长三角区域各城市由于城市定位、经济发展目标等方面存在差异性，在建设用地的规划存在理念上的差异性，甚至有的城市面临迫切发展经济的重任，对于建设用地的生态考量存在不足，因此在对战略资源进行空间布局中应凸显生态底线思维。再次，长三角区域在民生资源的统筹方面也应实现资源的一体化，如在医疗、养老等民生资源方面应做好统筹，民生资源是践行以人民为中心发展思想的重要保障。党的十八大以来，习近平总书记多次强调以人民为中心的发展思想，他指出："坚持以人民为中心的发展思想，体现了党的理想信念、性质宗旨、初心使命，也是对党的奋斗历程和实践经验的深刻总结。必须坚持人民至上、紧紧依靠人民、不断造福人民、牢牢植根人民，并落实到各项决策部署和实际工作之中。"①最后，在战略资源的统筹上应建立协同联动的行动机制，实现战略资源统筹的操作性。同时，在设施资源上还应建立长三角区域共建共享的体制机制，实现能源资源、水资源、电力资源的共建共享。

---

① 习近平：《坚持人民至上　不断造福人民　把以人民为中心的发展思想落实到　各项决策部署和实际工作之中》，《人民日报》2020 年 5 月 23 日。

### （三）长三角地区行动还未实现一体化等问题

影响长三角一体化建设的因素既有宏观的，也有微观的，必须通过精准举措切实破解，否则将直接影响上海发挥在长三角一体化建设中的引领作用。一是上海的引领角色定位缺少系统谋划，大都停留在宏观层面，尚未落到实处。如对于上海自贸试验区在引领长三角一体化中可以利用哪些优势、哪些禀赋、如何实现引领等均缺少系统考量，这也是造成上海发挥引领长三角一体化建设中存在不足的主要原因。二是在打造利益共同体方面存在不足。上海自贸试验区和浙江、江苏的自贸区既存在合作关系，也存在竞争关系，如何处理这种利益关系是实现长三角区域一体化发展的关键。但是目前关于这方面缺乏前瞻考量，尤其是随着全球化的深入发展，浙江、江苏等长三角地区对于引进国际先进资源和科技也有需求，如何实现长三角区域合理的利益关系是破解长三角一体化发展的关键。三是长三角区域之间的协同互动缺乏精准明细的实践路径。尽管在制度层面全国已经明确各港区通关一体化，但在实际操作中，苏州、上海、舟山等港区由于对制度和标准的理解存在偏差，导致通关一体化后效率反而降低，很多政策不能及时落实。四是长三角区域还未形成协同联动的行动共同体。目前国家和长三角三省一市都制定了关于长三角一体化发展的相关政策制度，形成了相对完善的政策制度体系，但是再好的政策制度如果不能切实落实下去，也无法产生实际功效，基于此，还必须在建立长三角区域协调联动的行动机制方面有所突破，打造长三角区域协调联动的行动共同体。

目前在这方面还存在诸多有待完善的方面，如在一定程度上还存在缺少将本区域融入长三角进行考量的大局意识和宏观视野，具体表现在行动上就是出台的产业、经济发展政策有的地方还存在一定的趋同性，在资源配置等方面也存在一定问题。这些问题如果不能破解，将直接制约长三角区域行动的协同联动性。五是还需进一步确立上海在长三角一体化高质量发展中的龙头作用。这一问题是长三角一体化建设的关键，如果不能破解，将直接制约长三角一体化高质量发展，也容易造成长三角一体化战略中的系列举措很难落到实处，基于此，应进一步在这方面达成共识，并通过联合文件等方式予以确立。六是长三角区域各省市在行动的效能等方面存在一定问题。目前长三角各省市尽管也在积极推动长三角区域一体化发展，建立了联合行动的体制机制，但是在实践中由于一些固有的因素没有破除，导致联合行动的效能还存在很大不足，这方面如果不能破解，将直接制约长三角一体化高质量发展。

## 三、上海在长三角一体化建设中发挥引领作用的路径

发挥上海在长三角一体化高质量发展中的引领作用，离不开切实精准的实践路径。这一路径既是着眼于贯彻落实习近平总书记关于上海工作重要论述的体现，也是针对当前上海发挥在长三角一体化建设中的引领路径存在问题的一个破解。

## （一）充分发挥上海在长三角区域一体化中的推动作用

第一，对标高质量发展的目标要求，提升长三角区域合作质量。结合上海五个中心建设，认真实践习近平总书记关于上海定位的重要论述，突破行政壁垒，积极构建有利于长三角一体化发展的合作体系，推动长三角区域科技、技术、资本、产权等各种要素的自由流动和优化配置，形成人才市场、技术市场、旅游市场、金融市场等方面的一体化发展。同时，长三角各省市应积极协同国家发改委、商务部等相关部门，协同建立精准高效的三大市场的协同推进机制，完善要素市场、知识产权服务市场、商品市场的功能和定位，形成在价格、品牌等方面的话语权和影响力。同时，还应积极进行基础设施互联互通、生态环保、城市建设、科技创新、信息互享等方面的建设，打破影响长三角一体化发展的体制机制障碍和制度壁垒，积极聚焦长三角合作中出现的问题，进行重点解决，充分利用上海的优势，畅通长三角区域文化、信息、金融等的共建共享通道，消除在一体化合作发展各方面的障碍。

第二，打造具有国际影响力国际竞争力的功能平台。上海在这一功能平台中应有所作为，积极谋划，结合长三角区域各城市的产业优势、资源优势、科技优势，积极建设长三角区域创新科技园区、物流枢纽中心、高端制造基地，打造分类合理的高质量功能园区，探索出有利于长三角一体化发展的共建共享的园区合作模式，如苏皖创新合作示范区、浙江临沪产业合作园区等等，通过这些园区的合作，使其成为长三角产业合作的重要平台，从而更好地发挥对长三角一体化发展的重要支撑作用。

第三，承担更多使命，展现更多担当，提高城市能级，带动区域协调发展。习近平总书记考察上海时指出，上海应发挥在长三角合作和建设中的龙头带动作用，如此既是适用上海自身发展的需要，也是中央赋予上海的一项重要使命。基于此，上海应进一步深化放管服改革，推进上海自贸试验区制度创新，推动上海自贸试验区升格为上海自由贸易港，继续优化营商环境，为内外资打造公平的营商环境。同时，推动城市治理创新，提升城市的核心竞争能力，进而提升上海的城市能级。2020年6月23日，中共上海市委十一届九次全会审议通过了《中共上海市委关于深入贯彻落实"人民城市人民建，人民城市为人民"重要理念，谱写新时代人民城市新篇章的意见》，进一步明确了科技创新策源、强化全球资源配置、开放枢纽门户、高端产业引领四大功能，提升上海服务能级能够有效发挥在长三角一体化高质量发展中的作用。

第四，牵头做好长三角一体化高质量发展规划。党中央、国务院已经出台了《长江三角洲区域一体化发展规划纲要》，这一纲领性文件为长三角一体化建设提供了重要指导，但是精准落实长三角一体化高质量发展，还必须有具体的落实实践机制。2020年1月10日，上海市人民政府发布《贯彻〈长江三角洲区域一体化发展规划纲要〉实施方案》，提出到2025年，在跨区域多领域深化合作方面应达到较高水平，长三角一体化高质量发展的体制机制全面建立，上海龙头带动作用更好发挥。同时，上海还应进一步细化在长三角一体化高质量发展中的各项合作，在合作的具体政策方面强化对接、融合，加快政策制度创新。

第五，在长三角一体化基础设施的互联互通建设方面积极展现担当，贡献力量。实现长三角一体化高质量发展，基础设施的互联互通是关键。上海第三机场选址南通、沪通铁路建成和通车等基础设施建设，都为长三角一体化建设提供了重要保障。下一步，上海应进一步加强基础设施建设，加强长三角区域的世界级机场群、港口群建设，加快轨道交通建设，加快同城化建设，并加快公共卫生、生态环境保护一体化建设。

第六，进一步建立有利于推动长三角市场一体化发展的政策制度体系。作为改革开放排头兵、创新发展先行者，上海的制度创新可以为长三角区域的开放发展、一体化发展提供经验借鉴，把浦东开发开放、上海自贸试验区建设的制度创新经验在长三角一体化建设中进行实践和推广，把上海的现代服务业发展、现代金融业发展与长三角区域的发展进行有机结合，从而助力上海自贸区建设的溢出效应得以更好彰显。首先，上海在协调长三角一体化发展中应展现担当，积极推动长三角要素市场的一体化发展，通过相关政策制度的完善，为推动长三角区域要素市场一体化发展提供助力。一方面要建立相关的政策制度，另一方面还应设立专门的机构负责推进长三角要素市场的一体化发展，破除影响区域要素市场一体化发展的体制机制障碍。加快建立和完善知识产权保护制度，为创新提供法律法规保障，形成鼓励创新的氛围。党的十九届四中全会通过的《中共中央关于坚持和完善中国特色社会主义制度 推进国家治理体系和治理能力现代化若干重大问题的决定》指出："健全以公平为原则的产权保护制度，建立知识产权侵权惩罚性赔偿制度，加强企业商业秘密保护。推进要素市场制度建设，实现要素价格市场决定、流动自主有序、配置高效公平。"[1]2019 年 11 月 24 日，中共中央办公厅、国务院办公厅出台了《关于强化知识产权保护的意见》的文件，文件对保护知识产权对于经济发展的重大意义作出重要论述。上海也出台了一系列关于知识产权保护的文件，"上海扩大开放 100 条"、"关于支持浦东新区改革开放再出发实现新时代高质量发展的若干意见"、"上海法院服务保障中国（上海）自由贸易试验区临港新片区建设的实施意见"、"关于进一步加快推进上海国际金融中心建设和金融支持长三角一体化发展的意见"等文件中均有关于知识产权保护、打造上海知识产权高地的相关规定和说明，上海应充分发挥在长三角一体化中的推动作用，积极应对知识产权争端，把长三角区域打造成知识产权保护的高地。其次，加快推进资本要素市场化改革，进一步发挥上海作为国际金融中心的作用，强化上海的金融中心枢纽功能，辐射好长三角区域，发挥上海国际金融中心在资金集散、资金枢纽及金融功能创新中的作用，尤其是这种作用对于长三角区域的资本要素市场一体化发展的强大辐射力和影响力，进而推动长三角区域金融一体化发展。

最后，还应积极发挥上海在长三角政府合作中的作用，为推动长三角各类合作的对接贡献上海力量，这也是深入落实习近平总书

---

[1] 《中共中央关于坚持和完善中国特色社会主义制度　推进国家治理体系和治理能力现代化若干重大问题的决定》，《人民日报》2019 年 11 月 6 日。

记关于上海定位重要论述的体现。正如习近平总书记在首届中国国际进口博览会开幕式上的主旨演讲所中指出的：“为了更好发挥上海等地区在对外开放中的重要作用，我们决定，一是将增设中国上海自由贸易试验区的新片区，鼓励和支持上海在推进投资和贸易自由化便利化方面大胆创新探索，为全国积累更多可复制可推广经验。二是将在上海证券交易所设立科创板并试点注册制，支持上海国际金融中心和科技创新中心建设，不断完善资本市场基础制度。”①因此，上海作为长三角区域具有重大引领作用的国际大都市，理应在推动长三角一体化建设中有所担当。

## （二）提高上海在长三角资源配置一体化中的协同作用

习近平总书记在考察上海工作时指出，要把上海发展放在中央对上海发展的战略定位上，放在经济全球化的大背景下，放在全国发展的大格局中，放在国家对长江三角洲区域发展的总体部署中来思考和谋划。上海加快建设国际经济、金融、贸易、航运及科创中心建设，不仅是立足自身建设国际一流港口城市、国际一流大都市的现实需要，也是上海贯彻落实习近平总书记关于上海“四个放在”重要论述的体现，更是中国改革开放向纵深发展、促进区域协调发展的逻辑必然。因此，通过上海发挥在长三角一体化中的作用

---

① 习近平：《共建创新包容的开放型世界经济——在首届中国国际进口博览会开幕式上的主旨演讲》，《人民日报》2018 年 11 月 6 日。

是关系全局的一件大事，上海应充分利用其在经济、港口、区位等方面的优势，把长三角区域其他城市的资源融入上海四个中心建设之中，例如通过资源调配把舟山、南通、苏州等城市的港口资源融入上海自由贸易港建设之中，从而提高上海在长三角资源配置一体化中的协同作用。空间经济学相关理论认为，区域经济效能的发挥不仅由行政区划决定，而且由交通等基础设施技术的进步和人民的生活水平所决定。因此，在长三角一体化及全国一盘棋的背景下，上海四个中心建设不应仅仅局限于上海的行政区域，而应充分把周围的相关资源纳入其中，实现对周边城市的强力辐射，进而实现相得益彰的发展。

### （三）充分发挥上海在长三角一体化中的龙头带动作用

长三角地区是我国经济发展和科技创新的战略高地，经济发展后劲足、科技创新能力强，上海在这一区域中处于重要位置，应充分发挥在长三角一体化中的龙头带动作用，具体可通过如下举措：一是积极推动科技创新政策体系的国际化。通过对标美国硅谷等国际一流科技创新中心的建设经验，充分发挥上海在引领长三角区域基础性、战略性领域的研发和科技转化方面的作用，在数字经济、通信技术等新经济新业态方面率先实现突破性进展，使上海成为全国数字经济等新经济新业态的前沿阵地，成为智能制造的聚集地。二是充分发挥上海在配置全球资源方面的能力，引领长三角一体化发展，助力长三角区域整体融入全球科技创新网络体系，整体带动长三角区域的产业向全球价值链中高端攀升，集聚国际资源助力长三角一体化发展。三是积极培育长三角具有国际一流影响力的全球科技创新中心和具有国际竞争力的大型跨国公司，积极主动发展科技金融业务，对接国际科技金融市场，把长三角地区打造成为上海引领的全球科技创新中心区域；四是以上海制造、上海服务、上海科技、上海贸易为引领，发挥上海品牌的龙头带动作用，打造国际一流品牌。五是加快合作机制创新。精准高效的体制机制是长三角区域一体化发展的重要保障。六是在长三角产业协同创新中展现担当，可选取一个具体的实践平台进行引领，如上海自贸区建设平台。具体举措如下：第一，积极打造产业链协同创新价值链。发挥上海自贸试验区内的生物医药、人工智能、航空航天、集成电路等重点产业的优势，主动对接浙江、江苏、安徽相关产业的发展，实现在相关产业对接中的协同联动发展。如安徽在通信技术方面优势明显，江苏苏南在制造业方面优势明显，对各地优势进行积极布局和谋划，加快相关产业的对接和融合，打造协调联动的一体化的产业价值链体系，通过相关合作在长三角区域打造国际一流的产业集群，从而提升我国产业在全球价值链中的位置。第二，进一步精准定位，谋划长三角地区高科技产业的发展。江苏自贸试验区在制造业方面优势明显，应找准定位，发挥优势，进一步做大做强，上海应为江苏制造业发展提供保障，在与制造业相关的服务业方面创新服务模式和服务举措。浙江自贸试验区通过加大对数字产业、数字科技、互联网产业等新经济新业态的发展，培养长三角区域新的经济增长极，可以和上海的数字经济积极合作对接发展，从而发挥规模经济的效应。同时，上海自贸试验区还应积极利用其在金融等方面的优势服务好安徽、浙江及江苏等长三角城市的发展。第三，积极推动长三角区域产业创新服务协同。成立专门机构，服务好长三角产业一体化高质量发展。上海自贸试验区可设立专门产业服务促进机构，服务好长三角产业一体化发展。具体来讲，首先，要进一步提高服务质量，加快高质量服务体系供给，通过实地调研企业，有针对性地拓宽服务领域和范围，制定服务类别导引，为高质量服务好长三角企业提供助益，为企业提供更加精准高效的服务。其次，对于消费服务、生产生活服务等也应进一步拓宽领域和范围，同时，还应进一步拓宽监管服务，建立高效便捷、公开透明的信用体系，为企业稳健发展保驾护航。

习近平总书记在党的十九大报告中指出："促进我国产业迈向全球价值链中高端，培育若干世界级先进制造业集群。"①打造世界级产业集群已经上升到国家层面，成为国家实施高质量发展、建设现代化经济体系的重要着力点。世界一流产业集群大都呈现占据全球价值链高端，拥有在全球具有重要引领力的龙头企业，深度参与全球产业分工以及具有国际一流的营商环境。虽然经过改革开放 40 余年的发展，长三角区域在具备发展世界级产业集群的基础和优势，生物医药、装备制造、信息技术、互联网、大数据、纺织服装等方面已经具备打造世界级产业集群的基础，但是通过对标国际一

---

① 习近平：《决胜全面建成小康社会 夺取新时代中国特色社会主义伟大胜利——在中国共产党第十九次全国代表大会上的报告》，《人民日报》2017 年 10 月 28 日。

流的世界级产业集群可知，目前长三角在打造世界级产业集群方面还存在一些制约因素，具体表现在如下方面：第一，支撑长三角世界产业集群建设的科技创新资源仍显不足。这一问题的存在成为制约长三角建设世界级产业集群的关键因素，一个产业集群如果没有关键核心技术的支撑很难实现可持续高质量发展，更难向全球价值链中高端攀升。但是我国在生物医药、电子信息、新材料等产业方面的关键核心技术目前都依赖进口，如果不能关键核心技术实现突破，我们国家就极易被西方大国牵着鼻子走。基于此，长三角区域应加快支撑生物医药、电子信息等产业发展的关键核心技术的攻关，建立上海引领的长三角区域助力世界级产业群建设的关键核心技术协同攻关的体制机制，解决目前长三角区域各高校、科研院所在研究上的分散局面。具体来讲，首先要形成长三角区域国家级科研机构的合作局面，根据优势互补等原则，组建一批专门攻克产业发展所需的关键核心技术科研团队，解决我国在产业发展方面的"卡脖子"等问题。其次还应建立长三角区域产学研深度合作的体制机制，集中整合长三角区域内的中国科学技术大学、复旦大学、上海交通大学、浙江大学、南京大学、东南大学等高校的资源，深化产学研合作的广度和深度，开展企业的研究机构与大学、科研院所合作，助力产学研合作取得实效。第二，建设世界级产业集群的成本优势不明显，这一问题必须妥善解决。长三角区域在人才成本、劳动力资源成本、房屋租金等成本方面已经不占优势，导致一些项目纷纷向其他区域转移，有的甚至转移到其他发展中国家，这对长三角区域建设世界级产业集群明显不利。基于此，必须采取降税降费等举措降低产业运营成本，为建立上海引领的长三角区域世界级产业集群打下坚实的基础。第三，缺少具有重要引领作用和全球影响力的行业龙头企业。长三角区域，即使区域内的上海，也缺少具有全球影响力的龙头企业，尤其是与世界级跨国企业相比还存在一定差距。

对于以上问题，除了对症下药进行解决，一方面还应基于长三角区域各城市的比较优势，发展优势产业；另一方面还应把长三角放入全球化发展的大势之中，置身于开放型分工体系之中。具体的实践路径如下：长三角各区域在分工合作的基础上，着力培育具有全球影响力的世界一流企业，加快龙头企业培育。长三角区域各城市在企业发展方面各有不同的特点和优势，企业发展也有其现实的土壤和文化等因素，这就决定了长三角不同城市应进行合理的分工布局，找准优势，打造世界一流龙头企业，然后形成合力，助力长三角区域成为高质量的产业集群区。在这一过程中上海应起到引领示范作用，积极利用其在高端制造业、大数据和全球资源配置等方面的优势，在航空航天、汽车制造、新材料等高端制造业方面积极培育国际一流的龙头企业；杭州、南京、苏州、无锡、南通、合肥等长三角区域的经济发达城市应结合自身优势，精准定位和培养两到三个重点行业产业，促进其高质量发展；长三角区域广大中小城市应积极利用其乡土文化等培养相关产业，通过以上这些举措，共同助力长三角区域建设世界一流产业集群。同时，还应促进长三角区域产业链与创新链的融合发展、激发中心城市的创新溢出效应。

# 第三章　上海发挥在"人民城市"建设与治理中的引领作用

　　2010 年，上海率先开展智慧城市建设，在诸多建设领域成为全国的标杆、学习的对象。习近平总书记在考察上海时也多次对上海的城市治理高度关切，并强调："要统筹规划、建设、管理和生产、生活、生态等各方面，发挥好政府、社会、市民等各方力量。要抓一些'牛鼻子'工作，抓好'政务服务一网通办'、'城市运行一网统管'，坚持从群众需求和城市治理突出问题出发"。①"要提高社会治理社会化、法治化、智能化、专业化水平，更加注重在细微处下功夫、见成效。要坚持以人民为中心的发展思想，坚持共建共治共享。"②近几年，上海在"人民城市"建设与治理中依托智慧城市建设成果，取得了众多成功经验，这些经验经过提炼，可以为其他城市建设提供借鉴与参考。同时，上海在建设与治理过程中也存在一

---

　　① 《习近平在上海考察时强调　深入学习贯彻党的十九届四中全会精神　提高社会主义现代化国际大都市治理能力和水平》，《人民日报》2019 年 11 月 4 日。
　　② 《习近平上海考察时强调：坚定改革开放再出发信心和决心，加快提升城市能级和核心竞争力》，《人民日报》2018 年 11 月 7 日。

些不足，对这些不足进行总结，有助于上海更好地进行"人民城市"建设，也有助于其他城市在建设过程中提升建设效果、提高建设效率。

## 一、上海在"人民城市"建设与治理中的成功经验

2017 年 3 月，全国"两会"期间，习近平总书记参加上海代表团审议时就曾说过："城市管理应该像绣花一样精细"。①2018 年 11月，习近平总书记在上海考察时强调："希望上海继续探索，走出一条中国特色的超大城市管理新路子，不断提高城市管理水平。"②2019 年 11 月，习近平总书记在上海考察时，提出"人民城市人民建，人民城市为人民"重要理念，深刻回答了城市建设发展依靠谁、为了谁的根本问题，深刻回答了建设什么样的城市、怎样建设城市的重大命题，为我们深入推进人民城市建设提供了根本遵循。

2010 年，上海提出"创建面向未来的智慧城市"战略，10 年来，智慧城市建设全面渗透到民生、政务、城市管理、城市建设等领域，并与"人民城市"建设相对接，以"智慧城市"服务"人民城市"。近年来，上海在"人民城市"建设与治理中积累了诸多成功经验。

---

① 《习近平参加上海代表团审议》，载新华网 http：//news.cri.cn/chinanews/20170305/d77870af-a5be-49ec-fb88-e5e17a5d7cfa.html，2017 年 3 月 5 日。
② 《习近平在上海考察时强调　坚定改革开放再出发信心和决心　加快提升城市能级和核心竞争力》，《人民日报》2018 年 11 月 8 日。

## (一) 打造便民惠民的生活服务体系

在生活服务体系建设中，与其他城市相较而言，上海在基本生活服务的保障方面有着较长时间的经验积累，也建成了相对完善的生活服务体系。其中，与"智慧城市"建设相结合，上海在便民惠民的生活服务体系建设方面走在了全国前列。

在交通方面，上海基本建成了以道路交通综合信息服务（智行者）、公交信息服务（上海公交）、公共停车信息服务（上海停车）为主干的交通信息化应用框架，公交车实时到站信息基本覆盖中心城区及郊区主要地区的所有公交线路，居民可在公交站牌查看实时到站信息，或通过手机 App、专用网站进行线路、到站时间查询，部分公交车上已经开通 WiFi 无线网络覆盖。[1]为了方便外地民众出行，2018 年 12 月，上海公交全部受理银联乘车码，本埠市民和外地游客可通过云闪付 App 及中国银行 App 使用银联乘车码乘车，并享受乘车优惠。[2]2017 年 6 月，上海虹桥机场落地全国首个支付宝无感支付停车场，用户不用停车，识别车牌后直接从绑定车牌的支付宝账户扣款。[3]截止到 2020 年，上海大部分公共停车场已完成

---

[1] 《迈进智能时代　上海全面创建面向未来的智慧城市》，载中国智慧城市网 http：//www.cnscn.com.cn/news/show-htm-itemid-20397.html，2016 年 12 月 15 日。

[2] 《上海公交上线银联乘车码　移动支付用户量破千万》，载上观新闻 https：//www.mpaypass.com.cn/news/201812/28184424.htm，2018 年 12 月 29 日。

[3] 《上海智慧城市建设打造全国样板》，载华声在线 https：//baijiahao.baidu.com/s?id＝16162905587229816008&wfr＝spider&for＝pc，2018 年 11 月 5 日。

无感支付改造，并为临牌汽车、暂未开通网络支付的居民保留了人工付费窗口。截至 2019 年 5 月 16 日，上海地铁"Metro 大都会 App"下载实名注册用户超过了 2 000 万，同时，手机 App 也开通了电子码功能，不仅地铁，公交也可以选择扫码出行。现在已有超过30％的乘客选择扫码进站，使用现金购单程票的乘客也有明显减少。①支付宝已经覆盖火车高铁、上海磁悬浮、地铁、公交卡、免押骑行、打车等几乎所有交通出行场景。②多应用、多功能电子支付的开通，方便了居民的日常交通。尤其是随着上海地铁开通了花生地铁 WiFi 无线网络，网络支付居民在乘坐公共交通时可以丰富自己的出行生活内容，提升出行品质。

在智慧医疗方面，上海已构建"1＋17"的健康信息平台，实现全市数百家医疗卫生机构的互联互通和信息共享、数千万份电子健康档案的动态采集和全国上亿就诊患者的电子病历存档。为应对新冠肺炎疫情，智慧医疗建设开始加速推进，逐步由单一场景向系统化场景发展。此外，全国首家"信用就医"医院也诞生在上海。支付宝与上海复旦大学附属华山医院推出"信用就医"，芝麻信用650 分以上的花呗用户，可申请 1 000 元的花呗额度，用于在该院看病缴费。各大医院均推出了线上预约挂号、自助机无接触缴费等。通过支付宝、微信扫码付费功能，医生开具处方后，实现了门

---

① 数据来源：上海地铁。
② 《60 多项服务能用支付宝 上海成为"智慧"城市标杆》，载每日经济新闻 http：//www.nbd.com.cn/articles/2017-12-01/1167091.html，2017 年 12 月 1 日。

诊缴费零排队，节约了患者时间，提升了病患的看病体验。①在对新科技的探索方面，上海也走在了全国前列，2020年8月，上海市第一人民医院与上海移动共同宣布启动"5G医疗新基建"项目建设现场，一幅幅5G智慧医疗应用场景展望接连呈现。该项目是由上海市第一人民医院与上海移动、中国移动（成都）产业研究院共同申请、获批的国内首个医疗新基建重大项目。未来将以此次项目启动为契机，按照"1＋1＋N"的思路助力推进5G智慧医院建设，即打造1个云网融合的5G医疗行业专网、1个医疗行业边缘云的新型医院ICT基础设施，并基于此落地N款行业应用，共同繁荣智慧医疗生态。②为了有效应对新冠肺炎疫情，上海提出要"做大做强互联网医院"，最新出台的"公共卫生建设20条"更为现代化公共卫生体系里的互联网医院建设提出新要求。截止到2020年4月，已有超20家医院领到了互联网医院执照，③越来越多的就医便利惠及普通市民。近年来，上海在医联平台和电子健康档案基础上，已经推动上百家试点社区卫生服务中心与市级平台对接，在"就诊流量""延伸处方"等五个方面进行综合管理和数据展示。

除此之外，电子账单公共服务平台、为老综合服务信息平台、数字博物馆、图书借阅"一卡通"等一批重大公共服务信息化项目

① 《上海60多项城市服务都可使用支付宝》，载人民网 http：//m.people.cn/n4/2017/1130/c157-10195263.html，2017年11月30日。

② 《全国首家！上海市一医院携手上海移动启动"5G智慧医院新基建"建设》，《新民晚报》2020年8月6日。

③ 《20余家互联网医院创新服务模式，申城"智慧医疗高地"织就"全民健康网"》，《新民晚报》2020年5月18日。

已经广泛应用，覆盖了不同年龄段的群体，为民众的生活提供了极大便利。

## （二）政务服务"一网通办"

上海贯彻执行习近平总书记重要指示，加快推进政务服务、城市管理线上线下深度融合，持续提升城市治理体系和治理能力现代化，努力破解超大城市精细化管理的世界级难题。为提升政务效率，为市民提供便利。2018年，上海市委、市政府提出要加快建成上海政务"一网通办"总门户，将面向企业和群众的所有线上线下服务事项，逐步做到一网受理、只跑一次、一次办成。

**"一网通办"平台运行情况统计**

**（截至 2019 年 8 月 30 日）**

| 统计指标 | 计　数 | 单　位 |
|---|---|---|
| 访问总量 | 37 660 311 | 次 |
| 接入事项数 | 1 724 | 项 |
| 接入部门数 | 51 | 家 |
| 累计办件量 | 23 158 307 | 件 |
| 日均办件量 | 73 409 | 件 |
| 问题总量 | 40 307 | 个 |

数据来源：第一财经网 2019 年 9 月 5 日。

"一网通办"，基础在"一网"。上海于 2018 年 7 月 1 日上线试运行的"一网通办"总门户，搭建起了"一梁四柱"的架构。"一梁"即"一网通办"统一受理平台,"市民云"App 作为移动端统一入口。"四柱"即"四个统一":统一身份认证、统一总客服、统一公共支付和统一物流快递。"一网通办"总门户的上线开通,标志着上海"一网通办"建设迈出关键一步,进入全面打响上海高效政务服务金字招牌的新阶段。①随着上海实行"一网通办"两年多来,围绕构建集约高效的电子政务云,以"集中+分布"为建设原则,以政府购买服务方式,依托政务外网,统一为各部门提供服务,朝向在全市最终形成"1+16"市区两级云体系不断努力。同时,持续推动政府公共数据开放,在 2018 年实行"一网通办"之初,上海市政府数据资源目录管理系统共汇聚和发布了市级预算部门数据资源目录数 1.5 万条、数据项 21 万个,政府数据服务网累计开放数据集近 1 000 项,涵盖了经济建设、资源环境、教育科技、道路交通等 12 个重点领域。②据 7 月 10 日举行的 2020 年世界人工智能大会云端峰会数据智能主题论坛显示,上海市公共数据开放平台共开放 3 600 余个数据集,较 2018 年底增长 81.6%,其中动态数据接口近 1 700 个,同比增长 150%,每月开放平台数据下载调用量平均在 2 万次以上。③经过两年的建设,上海市数据资源开放与共享从市级向区级深入拓展,上海已经成为"国家大数据区域示范

---

① 《上海政务"一网通办"总门户正式上线》,载新华每日电讯 http://www.xinhuanet.com/mrdx/2018-10/18/c_137540824.htm,2018 年 10 月 18 日。

② 《上海智慧城市建设打造全国样板》,载华声在线 http://hunan.voc.com.cn/xhn/article/201811/201811051731104287.html,2018 年 11 月 5 日。

③ 《上海推进公共数据"应开放尽开放",已开放 3 600 余数据集》,载澎湃新闻 https://www.thepaper.cn/newsDetail_forward_8214992,2020 年 7 月 10 日。

类综合试验区"。在区级建设方面，"一网通办"应用到了基层政务办理之中，并建立区级政府数据对外服务平台，制定形成了政府数据资源共享开放的相关办法、规划与目录体系。

"一网通办"，关键在"通"。为解决"通"的问题，上海市大数据中心的运营提供了强大的技术保障。作为"智慧政府"的基础设施，大数据中心打破了部门"数据孤岛"，推动政务服务从"群众跑腿"向"数据跑路"转变。2020年，为进一步推动公共数据资源供需对接，上海聚焦交通出行、医疗健康、城市治理等重点领域，征集新一轮公共数据开放应用试点项目，打造一批示范案例，发挥政企数据融合对各行业的赋能作用。经过前期广泛征集、专家评审、供需沟通，美团点评智能配送、平安科技健康咨询等11个试点项目脱颖而出、入围试点，预计在2020年底可初步完成试点建设内容，形成公共数据开放应用示范成效。①

"一网通办"，落脚在"办"。把政务数据归集到一个功能性平台，企业和群众只要进一扇门，就能办成不同领域的事项，解决"办不完的手续、盖不完的章、跑不完的路"等麻烦。

2020年，上海市政府办公厅和市民政局联合市政府相关部门，将个人事务办理频次最高、办事总量占全市个人事项办理量90%以上的50个高频事项，逐一进行梳理，在2019年开展"材料收取减半、办理时间减半"的基础上，按照"凡是本市政府部门核发的材

---

① 《上海推进公共数据"应开放尽开放"，已开放3 600余数据集》，载澎湃新闻 https：//www.thepaper.cn/newsDetail_forward_8214992，2020年7月10日。

料原则上一律免于提交；凡是能够提供电子证照的，原则上免于提交实体证照"要求，进行流程再造，修改完善办事指南和业务规范，实现"材料零提交，办理零跑动"，成熟一批，发布一批。①尤其是随着"一网通办"平台入驻移动端，市民想要找政府咨询、办事、预约，只需要在手机上下载"随申办"，就可以将各区级行政服务中心、各委办局窗口、各社区事务"装进衣袋随身带走"。

"随申办"取自"随身办"的谐音，这突出了上海"一网通办"平台不仅有网点的线下入口、PC端的在线入口，还可以借助手机实现"掌上办""指尖办"。目前，"随申办"App已上线五大功能板块，包括"亮证"（证照归集）"指南"（办事指南）"预约"（在线预约）"进度"（办事进度查询）"找茬"（为政务服务找短板），每个板块都很实用，而且极具特色。"随申办"不仅是数据汇集的平台，更可以实质性启动办事流程。"随申办"App为市民和企业提供了大量场景式的办事模块，从办理证照、申报个税、预约外币兑换、预约结婚……涵盖了生活的各个方面，甚至还可以报名参加上海城市业余联赛。②

尤其是新冠肺炎疫情发生以来，"一网通办""通"的广度和深度进一步扩大，"办"的功能更加强大。数据显示，上海"一网通办"总门户中，85％已经实现了全程网办，95％实现最多跑一次。

---

① 《上海"一网通办"开"不见面办理"专栏》，《解放日报》2020年3月13日。

② 《上海"一网通办"App"随申办"服务千万群众》，《文汇报》2019年2月22日。

作为上海首创的政务服务品牌，"一网通办"不仅使市民办事越来越方便，企业办事也更加便捷。2020年疫情期间，浦东新区行政服务中心创新推出了企业"远程身份核验"全覆盖，彻底解决了过去企业在一些事项变更时，法人或者股东需要共同到现场跑一次的麻烦。①

上海在政务"一网通办"实施过程中，率先应用大数据、人工智能、物联网等新技术，提升政府管理科学化、精细化、智能化水平。全面推进线上线下政务服务流程再造、数据共享、业务协同，形成一网受理、协同办理、综合管理为一体的政务服务体系，积累了丰富的经验，并初步形成了可供借鉴的运行模式。

## （三）城市运行"一网统管"

常住人口超2 400万、市场主体270多万、轨道交通运营里程700多公里、电梯24万余台、建筑总量13亿多平方米……面对全球罕有的超大城市管理基数，传统方式和人海战术显然已经难以为继，上海迫切需要走出一条符合超大城市特点和规律的治理新路。紧抓城市现代化治理"牛鼻子"，解决城市治理中的堵点、盲点，上海推进的城市运行"一网统管"建设，进一步提升了城市的治理能力，应急管理正在向精准预防管理转变。在城市运行过程中，上

---

① 《上海："一网通办""一网统管"提升城市治理体系和治理能力现代化》，载央广网 http://www.cnr.cn/shanghai/tt/20200808/t20200808_525198364.shtml，2020年8月8日。

海正在实行以"一网统管"为抓手实现"一屏观天下、一网管全城"的目标。①

上海围绕城市精细化管理和社会协同化治理目标,聚焦网格化管理、区域联勤联动、基层社区治理、城市运行安全保障等领域,开展了一系列卓有成效的智慧城市应用。在城市综合管理方面,信息平台进一步向基层拓展,全市街镇基本完成了平台建设。比如,当小区的消防通道被违规停车占用,埋设在通道地下的压力传感器就会向有关方面自动报警,让执法人员及时赶到处置;在环境监管方面,建设完成智能供水中的原水安全保障监管应用,建立固定污染源统一编码系统,推进上海市环境应急与辐射管理系统、长三角区域空气质量预测预报系统建设,开展上海市建筑工程扬尘和噪声在线监测管理系统建设工作;②在食品安全监管方面,调动社会各方力量,共同参与食品安全工作,形成食品安全社会共治格局这一宏大愿景,一以贯之地坚持党和政府在食品安全社会共治过程中的主导地位,实现党和政府主导、各主体协同的多元共治模式,从利益驱动和权力授予两个维度推进共治的落地实施,从单一监督到多元管理、从政策他律到行业自律、从硬性指标到软性提升,明确各主体在社会共治中的定位,加快面向最终定位的转化,政府部门——主导主体,协同增效,食品生产经营者——从"被管理者"

① 《精细治城,上海"一网统管"提升城市"智治力"》,载新华社 http://www.xinhuanet.com/info/2020-06/09/c_139125284.htm,2020 年 6 月 8 日。

② 《上海智慧城市建设打造全国样板》,载华声在线 http://hunan.voc.com.cn/xhn/article/201811/201811051731104287.html,2018 年 11 月 5 日。

向"合作者"转化，社会组织——从"观众"/"需求源"向"合作者"转化，社会公众——从"观众"向"合作者"转化；①在城市安防方面，推动城市安防视频资源共享、智能化消防、安全生产综合管理、多灾种早期预警等应用，城市应急处置机制逐步完善。

上海按照"一网管全城"的目标建设城市运行体系两年来，取得了诸多成功经验。例如，推进落实涵盖全镇主要职能部门、各村居、公安、社区卫生服务中心等单位的新政务微信平台，打通了部门之间的壁垒，提高各类事件解决时效性；将农村各类管理要素纳入城运中心平台，整合镇城运综合管理平台、镇和村居联勤联动微平台、处置单位的资源，推动农村环境长效管理常态化；深度运用集疏运体系、货运站安防设备以及"道路货运"应用场景平台，加强与物流园区、港区、堆场的合作，形成行业主管部门—相关协同单位—属地街镇的长效协同机制；运用道路前端设备，监控车辆、道路、堆场等实时情况，并在交通地图上同步信息，加之平台的大数据智能引用与分析，真正实现实时滚动、联动分析和智能预警，同时有效缓解交通拥堵状况，推动事件处置更及时。②

超大城市运行，突发事件、复杂问题多，需要建立跨部门、跨层级、跨区域的运行体系，花费一番"绣花功夫"。路灯、消防栓等1 495万个城市部件、2.68万公里地下管线、5 000多个建筑工

<hr>

① 上海市食品药品安全委员会、上海市市场监督管理局：《新时期食品安全社会共治研究报告》，2020年6月。

② 《"一网统管"推进精细化管理，实战运用提升管理实效》，《浦东时报》2020年8月5日。

地、1.4 万多个住宅小区、3 000 多处历史保护建筑等等，上海花了两年时间把这些城市运行中必不可少的"物件"，搬到"数字地图"上。通过实时监测动态变化、24 小时推演解决城市问题的最佳方案，为大城市治理探索智慧之路。同时，以"数字地图"为支撑，城市治理者还根据自身需求，开发多样化"小应用"，解决治理复杂难题。①

2020 年，上海正式成立城市运行管理中心，以大会战的方式全面升级"一网统管"，以"高效处置一件事"为目标，加快形成跨部门、跨层级、跨区域运行体系，打造信息共享、快速反应、联勤联动的指挥中心。例如，上海市水务局在 2020 年 6 月 1 日新上线了防汛防台指挥系统，其中"汛情回溯"模块可以通过收集 100 年来对上海造成较大影响的台风数据，重点分析近 10 年上海主要灾害事件的各种要素，在遇到新的台风时进行回溯比对，让防汛决策更加科学，同时调动全市各部门、各层级有效应对台风，保证人民的生命财产安全，使人民的损失降到最低。线上只是手段，关键是线上联通与线下处置协同，形成闭环管理。正如上海在疫情期间的有效应对，乘客从浦东国际机场落地到集中隔离，通过"一网统管"无缝衔接，使处置过程从 48 小时减少到 7 小时。②

"一网统管"服务城市运行，不仅是技术革新，更重要的是一种治理模式的重塑，以现代化手段助力治理全方位改革。通过线上

---

①② 《精细治城，上海"一网统管"提升城市"智治力"》，载新华社 http://www.xinhuanet.com/info/2020-06/09/c_139125284.htm，2020 年 6 月 8 日。

线下的联动，上海正在推动城市治理由人力密集型向人机交互型转变，由经验判断型向数据分析型转变，由被动处置型向主动发现型转变。十年前上海世博会"城市，让生活更美好"的主题，正插上大数据和智能化的翅膀，绘出浦江两岸更为精美的画卷。更加智能、更加精细的城市治理"绣花功夫"，也成为"人民城市人民建，人民城市为人民"理念的生动实践。

## 二、上海在"人民城市"建设与治理中的不足

上海在超大城市建设与治理中走在了全国前列，取得了很多建设与治理经验，也被许多城市借鉴参考。上海在"人民城市"理念下进行的城市建设与治理虽然取得了诸多成绩，但也存在部分不足。

### （一）对"人民城市"建设目标的认识不够深入透彻

首先是某些区域范围内对建设"人民城市"的认识不够清晰，部分政府工作人员对"人民城市"的理解不够全面。缺少对"人民城市"建设的正确、深层次的领悟，不能从所在区域建设的实际根本出发，忽略对区域的科学定位、理性安排。一方面表现为政府工作人员对本职工作认识不到位，未能真正将服务于人民的理念彻底贯彻落实，进而影响到"人民城市"建设与治理中对广大人民群众

的宣传、普及，不利于调动人民群众建设"人民城市"的积极性。另一方面，人民群众对建设"人民城市"的认识不足，导致参与建设的积极性不高、配合度不高。

### （二）政府内部组织之间整合度不足，运行不够流畅

根据职责设置相应的机构，由专业机构来具体承担相应的职能，是现代机构管理的重要内容。上海在"人民城市"建设与治理中，与智慧城市建设相对接，在原先设立的具有综合协调职能的专门推进机构的基础上进行赋能，统筹各部门的资源和职能。新设部门与原有部门之间的职能并未完全区分，容易形成怠政、推诿。上海各区、镇之间也根据自身特点制定了不同的政策，同级单位、上下级单位之间建设相关项目时，缺乏相互间的沟通交流，各自为政。一些单位建设人民城市项目时，并不是将本单位的人民城市项目放在全市人民城市建设框架下进行的。有的职能部门对人民城市业务部门的沟通协调重视程度并不高。

### （三）基础设施建设不均衡，部分地区较为落后

基础设施是承载城市运行，尤其是智慧城市运行的重要载体，部分地区基础设施智能化水平不足的现状，在一定程度上影响了智慧城市的整体推进，也影响了"人民城市"的建设与治理。一是目前农村、郊区、城乡接合部地区信息基础设施普及率较于城区相对

低很多，对一些集体推进的对智能化程度要求较高的项目难以并轨推行。二是交通、供水、燃气、环卫等大部分市政基础设施并未完全进行智能化升级改造，已经完成的改造的基础设施由于维护不力，难以完全惠及人民群众，这些对城市精准化运行管理的支撑力度有限，尤其是会对大数据职能运行造成影响。

## （四）政府与非政府主体在"人民城市"建设中合作不足

"人民城市"建设项目众多，既有政府投资的基础性项目，也有市场投资的收益性项目。但从上海近几年的城市建设来看，国有资本占整体项目的比重仍然较大，大部分都是政府各部门的投资项，尤其是在高投入低产出，或者是产出效益回报时间较长的项目上，政府投资占据了绝对主力。市场主体大多停留在给政府干工程、卖软件的思想认识上，在与政府的沟通中，没有形成合作伙伴的关系，不能形成高效的投资运营模式。上海规划的非政府主体可以参与的"人民城市"建设项目很多，但在实际建设中，政府与非政府主体双方并没有牢固树立合作共赢、持续运营的理念，没有充分发挥非政府主体的巨大作用，整体并没有呈现出政府与非政府主体携手并进的现象。通过对上海近几年城市建设的调研可以发现，"人民城市"建设项目中市场化的非常少，主要集中在智慧产业领域。在智慧政务、智慧民生领域，市场主体参与智慧城市建设的方式主要是提供产品或服务，并没有形成伙伴关系。此外，政府在与非政府主体的合作中，缺乏合作意愿，主要是由于政府单位在合作中需要层层审批报备，同时会承担一定风险，使得合作难以推进。并且，缺乏相应的规章制度和明确的职责划分，也会对政府与非政府主体之间的合作造成影响。

### （五）顶层设计的执行度不够

上海的"人民城市"建设，或者说之前的智慧城市建设顶层规划从不同的角度分类列举了很多项目，这些内容虽然有一定的指导意义，但有很多市场化的项目对政府的各行业部门并不具有强有力的约束性，并没有得到很好地落实。顶层设计难以落实已经成为"人民城市"建设中一个普遍存在的问题，也是一个难题。国家标准委 2018 年发布了一个标准，确定了顶层规划的制定规范。上海早在 2010 年就制定了智慧城市建设的阶段规划，但在实际执行中，这个规划效果并不好，基层政府并没有将这个规划作为决策依据，尤其是牵涉到市场化的项目、非政府主体牵头的项目时，大部分规划都只是工作的参考，甚至将其看作一个摆设。

### （六）建设内容重复现象仍然存在

有些城市建设项目之间缺乏必要的沟通协调，存在重复开发的现象。在智慧城市建设、"人民城市"建设中，共建共享是一个基本的理念，要通过共性的建设来消除重复建设形成的浪费，但在生产生活的实践中，这种理念落实得并不到位。如在医疗领域，有的医院开发自己的诊疗卡，市民在去医院看病时不仅要携带社保卡，同时还要携带对应医院的诊疗卡才能就诊。在具有公共职能的项目上，上海正在推行一卡多功能化，但推进力度效果并不明显，即使在政府出台明确规定的情况下，有的单位仍然利用政策漏洞进行重复建设。随着智慧城市建设、"人民城市"建设的进行，市民口袋里的卡越来越多，功能越来越多，内容却相对重叠。再例如，视频设施的建设，有多个系统在使用视频的方式，像食品监管的明厨亮灶工程、政法的天网工程、教育的平安校园、建设的智慧工地、环保的智慧环保、城管的网格，都有视频监控的内容，这些内容虽然侧重点不同，但其共性比较强，完全可以共同建设，能够共用的设备完全可以共享。

### （七）建设成果功能碎片化

由建设内容重复、部门配合度不高导致的功能碎片化不可忽视。上海近几年来各部门深耕智慧城市建设，立足建设人民城市，牢固树立服务人民的建设理念，在扩大服务范围和服务深度上为全国提供了示范，取得了诸多成绩。但是，各部门在进行城市建设时，重点关注本部门的建设内容，在协同合作上还存在整合困难的问题。例如，上海现在开发了众多的手机 App 提供实时、随地的便民服务，这也是智慧城市建设、人民城市建设成果的集中体现，但上海在城市建设中还存在各个主体重复建设 App 的现象，缺乏有机的统一整合。有很多部门都有独立的手机应用程序，地铁、公交、交警、水务、人才、公积金、人社、公共资源、健康服务、党建、统战、残疾人救助都有各自服务领域的 App。同时某些功能已经被整合进了支付宝、微信小程序中，并且如交警等领域与国家推出的 App 在功能上并没有本质改变。虽然这些程序各有特色，侧重点各不相同，在专业范围内服务方式更高效，但这些最终都是政府出资建设，其服务内容完全可以进行整合，并且市民在众多 App 中"疲于奔命"，而且极容易被"挂羊头卖狗肉"的虚假 App 所欺骗。这种重复建设的现象，与"共建共享"的理念格格不入。尤其是作为率先进行智慧城市建设的上海，在建设过程中积累了不少的问题。上海在依托智慧城市进行"人民城市"建设过程中，必然涉及大量数据采集、数据处理的软硬件设备和人力、技术支持，其日常的安装调试、运行损耗、维修维护、更新升级等的费用不菲。以往的经验表明，因运维成本过高导致系统有人建没人管，最终沦为鸡肋而不能发挥其应有的作用，背离预期效果的案例并不鲜见。

　　此外，上海在"人民城市"建设中应更加注重信息安全保障体系建设。在个人层面，经调查发现，上海市民越来越注重个人信息安全问题，但当下仍然存在市民个人信息经某些个体数据库流出现象。最典型的如保险系统，车险、个人险即将到期时有众多保险公司客服进行电话轰炸，培训教育领域此问题也屡见不鲜。在城市安全层面，上海城市建设涉及大量涉密数据信息和核心技术，从硬件软件到网络传输，从操作系统到数据库管理系统，从 GIS 平台到物联网核心技术，大量使用国外的产品、技术和解决方案，国产化程度仍有待提高，信息安全隐患依然存在。①

# 三、上海发挥在"人民城市"建设与治理中的引领作用的实践路径

在对上海城市建设经验与问题进行总结的基础上，结合上海当前城市建设基本状况，上海发挥在"人民城市"建设与治理中的引领作用的实践路径中，应当扬长避短，发挥重点领域建设的领先优势，有侧重性地进行重点建设，在市民参与城市治理、有温度的社区引领、智慧城市建设引领等方面重点发力，为国家城市治理探索出可借鉴、可推广的建设经验。

## （一）打造市民参与城市治理格局

上海在城市建设中要打造市民参与城市治理格局，找出打造市民参与城市治理的关键方法，为国家城市治理提供可推广的经验。

市民对于城市如何治理、需要治理什么、治理有没有成效最有发言权。随着经济社会和城市的快速发展，市民对美好环境、美好生活的需求日益增加，调动市民参与城市治理已成为适应城市发展

---

① 邓国臣、李洁茹、熊苹：《智慧城市建设若干问题及思考》，《测绘科学》2014 年第 10 期。

新形势、新任务的必然要求。上海在城市建设中，坚持以人民为中心，以建设服务型政府为努力方向，以解决人民群众反映突出的各类城市治理问题为突破口，调动市民参与城市治理的积极性和主动性，逐步摸索出一条行之有效的市民参与城市治理的方法。

第一，以科技为支撑进行网格化建设，调动市民参与城市治理积极性，实现共治共享。

上海在调动市民参与城市治理的过程中进行了诸多实践，逐步形成了以上海市统管，各区、街道根据自身特点打造不同形式的线上线下综合参与治理的模式。

浦东新区在 2016 年开发了一款"浦东 e 家园"App 让市民更便利地参与到城市管理中，开始了城市治理"互联网＋"的探索。这款 App 的定位是以浦东城市管理为范畴、以市民智能手机为载体的应用，以现有的城市网格化管理模式为基础，市民可以随时随地拍照上报井盖、绿化缺失等公共设施问题，暴露垃圾、违法停车等动态事件问题，路面积水、燃气管破裂等安全隐患和突发事件问题，并对相关职能部门的处置进行监督。①App 不仅是简单的项目投入和技术开发，而是通过信息化改造，推动政府工作流程再造，创新政府工作理念和方法，推进业务协同支持，优化体制机制，提高治理能力和水平。市民更广泛地参与到了社会治理中，从身边的小事开始，调动市民参与的积极性，使市民更多地以主人的身份参

---

① 孙小静：《上海浦东：开发 App 方便市民"挑刺"有奖》，《人民日报》2016 年 6 月 6 日。

与社会治理，充当政府的监督者，凸显上海城市治理的精细化。

同年，松江区也推出网格长服务公示牌，居民通过公示牌可直观地了解所在小区网格长的容貌、姓名及联系方式。通过微信扫描"我的网格"二维码，即可进入网格公示页面，方便快捷地获得所在网格片区的区域面积、网格长情况、网格工作流程、便民服务信息等社区信息。通过扫描"茸城微治理"二维码，可了解全区的网格化区域划分、工作职责、内容、工作概况，如果关注"茸城微治理"公众号，还能实现动动手指轻松上报城市管理问题线索。①

上海的城市基层治理已经由各区编织起的网格化、网络化、互动化区域治理体系共同组成了上海超大城市市民参与基层治理的框架。并且，这种区域网格化模式已经被其他城市借鉴参考，并在实践中产生了切实效果。上海在进一步的发展中要坚持这种模式，并扩大应用范围，充分考虑到市民的需求，更多地朝向美好生活建设需要，坚持以人民为中心，让市民更深层次地参与到城市治理之中。

第二，拓展市民参与城市治理纵向渠道，为城市治理和制度供给增添力量。

城市是生命体、有机体，上海作为超大城市，人口总量和建筑规模更庞大，生命体征更复杂，城市治理需要更用心、更精细、更科学。从社区居民自治到基层立法联系点，上海正通过把握人民城

---

① 孙小静：《松江网格化管理中心 大数据绣出活地图》，《人民日报》2017年9月22日。

市的生命体征，通过人人有序参与治理，走出一条符合超大城市特点和规律的治理现代化新路子。在拓展市民参与城市治理纵向渠道的过程中，上海更多的是脚踏实地，将国家政策落到实处，充分保障市民的权益。

一是以社区为单位，以线上参与社区治理为起点，带动居民参与线下社区治理。以微信群、QQ 群为载体讨论楼组事务、参与小区治理、发挥居民特长。社区治理意见的征集也首先从线上开始，逐渐消除市民之间的陌生感，逐步过渡到线下。在城市治理中，楼组、社区、街区，与个体居民的关联度往往逐步递减。然而，当下上海许多街镇纷纷出现了党建引领下的街区共治格局，居民走出楼栋，走出小区大门，到沿街商户那里串起门来。许多商家也开始参与社区事务，社区内外，形成一个互助互利、资源共享的良性循环系统。①

二是将上海市的政务处理向市民开放，广泛开展咨询听证会。如 25 个市人大常委会基层立法联系点，已经实现上海各区全覆盖，对于全市的立法定规，市民也有发言权，源源不断的民意民智，正为城市治理和制度供给增添力量。近几年，《上海市公共场所控制吸烟条例》《上海市生活垃圾管理条例》《上海市家政服务条例》等十余部法规制定的过程中，大量吸纳了民意，这些法规的落实也表明了市民对此的支持。

---

① 《"战时"反应迅速，"平时"有条不紊……上海城市治理藏着怎样的密码?》，《新民晚报》2020 年 6 月 23 日。

上海市民参与城市治理的渠道多种多样，覆盖城市生活的方方面面。小到社区共享休闲空间怎么建、老公房加装电梯费用怎么分摊，大到立法律、定规矩，评估法规实施效能。在上海，大城小事都能一一安排妥帖，靠的就是集纳民智、倾听民意。只有让每个人都能有序参与城市治理，切身感受我的城市我做主，最终才能实现城市的共建、共治、共享。[①]上海在进一步的建设中要把握人民城市的根本属性，坚定不移、毫不动摇坚持城市发展的正确方向，把坚持人民至上、集中力量办大事、"一张蓝图绘到底"等制度优势转化为城市发展的竞争优势。以共建为根本动力，以共治为重要方式，以共享为最终目的，努力打造人人都有人生出彩机会的城市、人人都能有序参与治理的城市、人人都能享有品质生活的城市、人人都能切实感受温度的城市、人人都能拥有归属认同的城市。

## （二）探究上海发挥有温度的社区引领的具体策略

要继续发挥有温度社区引领，探究上海发挥有温度社区引领的具体策略。上海在社区治理方面积累了丰富的经验，从新中国成立初期的"宝兴经验"的再发展，到已经成为全国标杆的社区党建引领，再到对"枫桥经验"的本地化落实，以及从社区垃圾分类延伸而来的精细化治理，都彰显了上海有温度的社区引领。在对上海进一步发挥有温度的社区引领的具体策略进行总结时，主要从以下三

---

① 《人人来参与！城市治理有我"好计策"》，载看看新闻 2020 年 6 月 25 日。

个方面进行展开,社区党建引领另作篇幅进行讨论。

第一,对城市社区治理中的"宝兴经验"进行创造性发展。

1949年12月,上海解放7个月后,"宝兴里居民福利委员会"在宝兴里宣告成立。这是上海首个,也是新中国成立后第一批由居民自发成立的居民委员会。上海解放初期,宝兴里治安混乱,环境差。当时各种市政管理机构尚未建立,许多居民的问题得不到及时解决。管理只能"自给自足":宝兴里每幢房子推选一名居民代表,选出了17位居民作为"福利委员会"委员,下设治安、卫生、文教组。居民自治的雏形,也就此产生。

社区工作随着时代的发展而不断变化,创新社会治理不仅要求社区工作者"动手干"还要"动脑想"。作为上海第一个成立居委会的社区,宝兴居民区勇于创新,通过各种形式,让社区工作更为精细化、人性化。2018年1月5日,上海市民政局将上海首张居委会特别法人统一社会信用代码证书颁发给了外滩街道的宝兴居民委员会。有了这张证,居委会可依法开展履行职能所需要的民事活动,还可以根据居民的实际需求,直接与社会组织对接,引入社会组织参与社区治理,更好地服务居民,满足居民对美好生活的需求。外滩街道宝兴居民委员会也被誉为"申城第一居委会"。①

近几年来,宝兴小区改造完成为封闭式小区,十扇出入口大门全面完成电子门禁改造,居民持卡刷卡方可进出小区,大大减少了

---

① 《上海居、村委会获"特别法人身份证"为民办事更顺畅》,载新华网 http://www.xinhuanet.com/2018-01/05/c_1122218126.htm,2018年1月5日。

安全隐患。2020年夏季，金陵东路300弄的老式路灯又全部替换为节能灯带，居民们都说晚上看路更清楚，回家心里更踏实了。为了解决家住二级旧里的居民晾衣难、出行难，宝兴小区内的晾衣架也进行了重新调整，布局更合理、架子更新颖；30个充电桩则为使用电瓶车代步的居民提供了方便，同时减少了居民在家充电可能引发的隐患。"申城第一居委会"始终坚持不懈的传承、坚守与创新。70余年的风雨兼程、砥砺前行，宝兴里变得更宜居、宜人了，但有些仍没变——老一辈留下的"宝兴经验"仍在不断的迭代换新中薪火相传，"宝兴精气神"仍在不断的创新变革中历久弥新。①

"宝兴经验"是上海社区治理发展的一个缩影，"宝兴经验"的传承发展表明了其在新时代焕发出了新的活力。上海在社区治理建设中要根据各个社区的不同情况，具体问题具体分析，以成功经验为榜样，发挥主观能动性，以维护居民利益为工作核心，引导居民主动参与到社区治理之中，建设有温度的社区，建设满足人民美好生活需要的社区。并在个性中总结共性经验，为全国具有不同特点的社区治理既提供具有普遍性的共性经验借鉴，也提供具有类似特点的个性经验参考。

第二，推进"枫桥经验"转型发展，构建城乡社区治理新格局。

20世纪60年代初，浙江省绍兴市诸暨县枫桥镇干部群众创造

---

① 《黄浦"宝兴经验"见证上海城市社区治理清晰年轮》，载东方网 http://city.eastday.com/gk/20190527/u1ai12541637.html，2019年5月27日。

了"发动和依靠群众,坚持矛盾不上交,就地解决。实现捕人少,治安好"的"枫桥经验",1963年毛泽东同志亲笔批示"要各地仿效,经过试点,推广去做"。60年代中期到70年代初期,枫桥群众再次创造了改造、帮教流窜犯和失足青年的成功案例。"不断创新,与时俱进"是"枫桥经验"的另一个特点。"以人民为中心,为了群众、依靠群众、发动群众,小事不出村、大事不出镇、矛盾不上交"是"枫桥经验"的核心内涵。随着时代发展和社会进步,"枫桥经验"的主要特征也逐步从发动群众进行社会主义改造,转变为依靠群众进行社会综治,再到今天的通过群众路线实现社会主义基层民主法治。

习近平总书记曾明确指出,"要把'枫桥经验'坚持好、发展好,把党的群众路线坚持好、贯彻好"。①新时代"枫桥经验"是党面对新时代社会治理任务、把握新时代社会治理特点、总结新时代社会治理经验基础上,对城乡社会治理工作的重要理论创新。2019年国务院政府工作报告第十项任务中提出,加强和创新社会治理。推动社会治理重心向基层下移,推广促进社会和谐的"枫桥经验",构建城乡社区治理新格局。

上海在超大城市治理中面临的问题尤为突出,包括城市化背景下的社会综治问题和信息时代背景下面向青年群体的群众工作问题。随着城市化进程加速和外来人口涌入,上海面临如何在所谓的

---

①　习近平:《把"枫桥经验"坚持好、发展好　把党的群众路线坚持好、贯彻好》,《人民日报》2013年10月12日。

"陌生人社会"，也就是社会成员（由于人口流动等原因）普遍缺乏了解和互信的社会环境下，加强党组织的建设和组织群众工作的问题；同时，随着信息化和青年群体（由于老龄化不断加剧）在社会中的作用日益凸显，如何做好面向青年群体的党建和群众工作，成为上海社会治理中面临的重要问题。①这些问题的解决，需要下沉到社区，尤其是需要城乡社区治理工作的结合，推进"枫桥经验"转型发展，构建城乡社区治理新格局。

在推进"枫桥经验"转型发展的过程中，要坚持以人民为中心，从群众的根本利益出发，从群众的迫切需求出发，为了群众、依靠群众、发动群众，让群众成为社区治理的参与者、受益者和评判者。坚持党建引领、人民主体、共治共享，健全党委领导、政府负责、社会协同、公众参与、法治保障的现代治理体制。坚持群众的治理主体地位，注重群众自治组织培育，健全和创新党组织领导下充满活力的社区群众自治机制。充分发挥法治的保障和定分止争作用，健全社区公共法律服务体系，运用法治方式解决社区各类社会问题，增强群众法律意识，真正形成法治型社区秩序。坚持德治为先，把德治贯穿社区治理全过程，传承优秀传统美德，结合时代要求进行创新，培育弘扬社会主义核心价值观，引领社会良好风尚。②同时，发挥上海的信息技术优势，建立上下联动、左右协调

---

① 王奎明、殷航：《推广"枫桥经验"构建城乡社区治理新格局》，载人民网 http：//www.people.cn/404/error.html，2019 年 3 月 25 日。

② 《网络智库：坚持发展新时代"枫桥经验"山西要这样干！》，载黄河新闻网 http：//thinktank.sxgov.cn/content/2019-06/10/content _ 9450497.htm，2019 年 6 月 10 日。

基层矛盾纠纷预防和化解机制，健全源头治理、动态管理、应急处置的"全程联动"模式。以智能数据、专业化为抓手，把重心和资源下沉社区，提高社区预防化解矛盾纠纷的能力和水平，及时有效把矛盾纠纷化解在社区，解决在萌芽状态，力争小事不出社区，大事不出街道，矛盾不上交。

第三，继续推进社区精细化治理。

2018 年 11 月 6 日，习近平总书记来到虹口区市民驿站嘉兴路街道第一分站。来自居委会、企业的几位年轻人正在交流社区推广垃圾分类的做法。习近平总书记十分感兴趣，仔细询问有关情况。一位年轻人介绍说公益活动已经成为新时尚。习近平总书记强调，垃圾分类工作就是新时尚！垃圾综合处理需要全民参与，上海要把这项工作抓紧抓实办好。习近平叮嘱他们，城市治理的"最后一公里"就在社区。社区是党委和政府联系群众、服务群众的神经末梢，要及时感知社区居民的操心事、烦心事、揪心事，一件一件加以解决。在考察城市管理运行时，习近平总书记强调，城市管理搞得好，社会才能稳定、经济才能发展。一流城市要有一流治理。提高城市管理水平，要在科学化、精细化、智能化上下功夫。①

城市生活垃圾处理工作的成功与否，既要有全链条的管理体系，同时也要求有精细化的管理手段。上海在前一阶段工作中作出的成绩有目共睹。社区治理是做好垃圾分类工作的最大突破口和抓

---

① 《习近平在上海考察时强调　坚定改革开放再出发信心和决心　加快提升城市能级和核心竞争力》，《人民日报》2018 年 11 月 7 日。

手，这也意味着精细化还可以体现在以打造"样板区域"来推行政策、制度的"先行先试"，强化社区内的自治能力，同时辅以执法力度，在特定区域内检验全流程分类方案的可行性。同时，通过"样板区域"，对其他地区形成带动作用和示范效应。①

上海社区的垃圾分类只是上海社区有温度治理引领的一个缩影，更多彰显的是社区精细化治理理念。2020年，上海市委、市政府将社区精细化治理总结为"加减乘除"法。"加法"就是赋权增能，尽可能把资源、服务、管理放到社区，让离人民群众最近、感知最灵敏、反应最迅速、处置最快捷的基层有人有权有物。以基层需要为导向，强化制度保障，建立下沉事项目录清单，把居村"约请制"等行之有效的制度进一步总结提升和落实。"减法"就是要减负减压，让社区的同志从一些无谓的事务中解脱出来，有更多时间和精力为老百姓干实事、解难事。要严格把关，做实居村协助行政事务准入机制，强化居村事项的可操作性，尽最大努力减重复劳动、减不必要的形式、减隐性负担。"乘法"就是要科技赋能，以智能化为突破口，加快建设政务服务"一网通办"、城市运行"一网统管"，努力做到实战中管用、基层干部爱用、群众感到受用。加快"社区云"建设，更好地把要素和资源整合到一个平台上，推动社区数据共享，充分为基层所用，为社区精细治理、精准服务提供支撑。"除法"就是要革除弊端，坚决反对形式主义，克服重

---

① 《上海城市生活垃圾分类试点：社区治理是做好分类的最大突破口》，载界面新闻 https://www.jiemian.com/article/2101860.html，2018年5月1日。

"痕"不重"绩"、留"迹"不留"心"的倾向。切实防止"上下一般粗",不搞简单"一刀切",充分考虑基层实际和不同地区的不同要求,更好发挥基层的主动性、积极性。①

### (三)进行智慧城市建设探索

要进行智慧城市建设引领,分析上海发挥智慧城市建设引领的关键影响因素,为超大城市管理探索成功经验。

上海于 2010 年提出"创建面向未来的智慧城市"战略,开启了智慧城市建设,经过十年发展,上海在智慧城市建设方面取得了优异成绩,在一些机构的测评中,上海在智慧城市建设方面位居前列。②综合上海在智慧城市建设方面已有的成绩,对其关键性影响因素进行分析,主要可以概述为以下四个方面。

第一,智慧政府建设,发挥关键引领作用。

城市建设需要以"智慧政府"建设,最终目的是实现政府、企业和市民的融合可持续发展。建设"智慧政府"是继办公自动化、"数字政府"之后,电子政务发展的一个更高阶段,在世界上也是电子政务发展的方向。核心内涵是利用新一代信息技术、大数据和

---

① 《上海进一步提升社区治理规范化精细化水平 做好"加减乘除"法》,《中国社会报》2020 年 6 月 19 日。

② 如亿欧智库 2019 年发布的《道阻且长,行则将至——2019 年中国智慧城市发展研究报告》显示,上海在榜单中位居第一;2018 年,中国城市科学研究会在第七届国际智慧城市峰会上提供了一份《中国智慧城市影响力报告》,上海位居第二。

人工智能技术，促进政府管理和公共服务在线上线下融合，实现智能办公、智能监管、智能服务和智能决策。①上海自 2018 年第一个提出加快建设智慧政府目标后，已于 2020 年形成了整体协同、高效运行、精准服务、科学管理的"智慧政府"基本框架。

在建设背景方面，上海在提出"智慧政府"建设目标时，已经进行了 8 年的智慧城市建设，具备了相对坚实的基础，并且，上海在建设"智慧城市"的目标上有很好的基础，如先进的互联网基础设施和人工智能大数据领域的技术积累。同时，上海作为一个超大城市拥有量大面广的基础数据库，包括各个部门已经运用得比较好的一些信息系统。这些积累能够有效地支撑"智慧政府"的建设。

在具体应用方面，"智慧政府"的建设既是上海贯彻落实党中央、国务院的要求，推动"互联网＋"政务服务改革提升的内在需求，同时也应该成为优化营商环境，推动上海率先实现政府治理能力现代化的重要抓手。"智慧政府"关注的重点是底层应用的连通与数据共享，依托于此来解决民生问题以及企业发展问题。因此，在"智慧城市"建设过程中，相关技术手段的改进、基础设施的支撑等至关重要。首先，"智慧政府"的建成有利于社会的稳定繁荣、经济的稳健发展，"智慧政府"是未来政府发展的方向，高满意度、高办事效率等特点是未来政务办公的方向。其次，"智慧政府"建设要有适合的切入点，由于地区和部门之间的差异，应根据自己的

---

① 戴振华、丁绪武：《上海"智慧城市"建设的成效、问题及对策建议》，《经济研究导刊》2020 年第 1 期。

需要建立相应的知识管理系统，以人工智能为依托，选取合适的切入点。上海是以互联网建设和人工智能大数据为基础，辅以智慧安防、交通、社区等具体建设内容，构成了立体智慧城市建设方案。再次，"智慧政府"建设可以提升决策咨询的效率，提升上海智慧城市的建设速度。①

上海智慧城市建设围绕"智慧政府"为中心，坚持科学发展观，正确推进城镇化建设。相关数据表明，上海智慧城市发展水平在国内保持领先地位。这是以"智慧政府"为核心，涉及公众交通、健康医疗、社区管理等领域，促进上海市向国际化、节能型、高效型都市发展的有效路径。

第二，智慧安防建设，守卫人民城市安全。

上海在智慧安防建设方面的成果，可以说是于无声处见功绩。作为一个超大城市，数千万常住人口和上千万流动人口给城市安全治理带来极大困难。但是，近几年来，上海并未发生引发社会舆论的安全事件，少量的城市安全问题也在极短时间内得到了解决，这就是上海智慧安防建设的成绩。上海这座超大城市以智能化安防体系和大数据应用为支撑，实现研判多维、指挥扁平、处置高效的精准警务，使城市治理不断向"最有序、最安全、最干净"目标迈进。②

在最典型的公安系统，"智慧公安"是"智慧安防"的重要组成部分。"智慧公安"的广泛推行并不会带来一线警力的减少，而

---

① 戴振华、丁绪武：《上海"智慧城市"建设的成效、问题及对策建议》，《经济研究导刊》2020年第1期。

② 《上海："智慧公安"打造"精准警务"》，《解放日报》2018年2月2日。

是减少一线警力目前驻点固守、巡逻警戒、安检盘查等传统模式，逐步转向主要处置由感知、研判之后精准推送的警情。"智慧公安"悄然再造公安主业"打击破案"的流程，通过"智慧公安"数据超算中心实现毫秒级响应，可以迅速判断犯罪现场周边的警力分布，并直接把指令发送到周边每个公安民警所佩戴的终端设备上，省去了指令通过分局、派出所流转的时间，每个民警所配备的单兵设备，也可以通过头盔上的摄像头捕捉和高速信号传输，及时将案发现场情况反馈指挥中心。上海的"智慧公安"数据中心，汇聚全局数据资源，"智慧公安"综合服务平台则通过统一的数据标准和接口，实现上海公安的各类应用联通。在近几年的建设中，上海公安正在开发、改造、完善一批适用于不同警务类型的应用系统，并统一接入平台，同时研发建设一批满足不同实战需要的数据分析模型，同时，借助人力、技术、警情、档案等渠道，实现对公共安全和社会治安风险隐患的感知，并将其数字化，大数据将作为公安工作的基本方法，实现从指挥员到战斗员全领域全过程的应用。①

综上所述，上海在智慧安防建设中基本完成了"一中心、一平台、多系统、多模型、泛感知、泛应用"的框架搭建，并在实践应用中取得了良好的效果。尤其是与人民生活密切相关的领域，在居民小区推广智能安防系统建设，已建成的数千个小区全部实现"零发案"，有效破解了群租、高空抛物、乱停车等一批社会治理领域的"老大难"问题，在数千栋高层建筑建成智能消防感知系统，以

---

① 《上海："智慧公安"打造"精准警务"》，《解放日报》2018 年 2 月 2 日。

及与之配套的数万个消防管理微信群，实现异常情况及时感知、就近推送，已建成的楼宇全部实现"零火灾"。"一中心"即上海智慧公安数据中心，具有三个典型功能：实现"感知神经元"所采集数据的汇聚、可视化、调用和分析；智能识别违法犯罪行为，实现毫秒级响应，并直接将指令发送到周边各民警终端设备，可随时按照预案体系，按需调动专业执法民警；与外部城运中心打通，实现政府部门协同。"一平台"即智慧公安综合服务平台，通过统一的数据标准和接口，实现上海公安的各类系统应用的联通。"多系统"包括反欺诈中心、"一标六实"警用大数据可视化平台、警务队伍管理系统等。由内而外实现科学管理、智慧管理，保障人民安全。①上海的智慧安防建设成功经验，尤其是"一中心、一平台、多系统、多模型、泛感知、泛应用"的建设框架，能够为其他城市的安防建设提供系统经验和体系借鉴。

第三，智慧交通建设，保障城市交通有效运行。

随着城市交通工具快速上升，道路交通安全日益严峻，安全事故严重威胁生命安全和社会稳定。智能交通在国家发改委、交通运输部等八部委起草并上报国务院的《关于促进智慧城市健康发展的指导意见》中被列为十大领域智慧工程建设之一。上海在智慧交通建设方面取得了优异了成绩。上海的智慧交通建设是基于已经搭建的"一中心——智慧公安数据中心"和"一平台——智慧公安综合服务平台"，深度优化智能交通信号灯管理系统、行人过街提示系

---

① 《上海："智慧公安"打造"精准警务"》，《解放日报》2018 年 2 月 2 日。

统、公交信号优先系统、多功能复合型电子警察、上海综合交通App 等，大力推进上海停车信息化"一个平台，四大系统"建设。目的是在智慧城市、智慧公安框架下推进智慧交通建设，全链条压降交通事故，优化交通秩序，提升通行效率。2020 年，上海全面推进上海城运系统道路交通管理子系统（IDPS 系统）建设，着力构建"路网可计算、人车可测量"的精细化、智慧化交通管理新模式。该系统建成后不仅能实时掌握路网动态交通流，更好地分配路权、诱导交通，还引入了"虚拟停车场"的概念，通过智慧停车、共享停车，缓解停车难题。①同时，"智慧交通"项目规模扩容、功能升级，电子警察执法进一步规范。

**上海市智慧交通体系建设情况**

| 上海市智慧交通体系构建 | | | | | | | | | | | | | | | | | | | |
|---|---|---|---|---|---|---|---|---|---|---|---|---|---|---|---|---|---|---|---|
| 智慧出行 | | | | | | 智慧管理与决策 | | | | | 智慧运营 | | | | | | 智慧物流 | | |
| 综合交通信息服务 | 公共交通信息服务 | 出租汽车信息服务 | 道路交通信息服务 | 公共停车信息服务 | 公路客运信息服务 | 交通行政综合服务 | 营运车船动态监管 | 安全保障应急处置 | 综合交通大数据应用 | 外部数据融合共享 | 公交运营综合管理 | 出租汽车运营服务创新 | 轨道交通运营安全管理和应急协同 | 路网信息基础设施建设 | 驾培行业计时培训模式 | 汽车综合性能检测智能化 | 航运中心综合信息服务 | 新型物流信息平台 | 城市配送优化发展 |

资料来源：上海市交通委员会，前瞻产业研究院整理。

---

① 《上海推进城市智慧交通系统建设》，《人民日报》2020 年 7 月 13 日。

首先，智能交通信号灯管理系统是以云计算平台为基础，以"数据驱动＋人工智能"为核心，通过提升交通泛感知能力，依托机器深度智能学习，实现信号配时和设备运维智能化，交通事件发现、处置流程的优化，最终达成警务流程再造、信号配时实时优化、交通组织合理配置的目标。该系统自 2018 年 10 月起运用于部分地区，先后在浦西世博园区、黄浦泛外滩地区、国展中心周边共33 平方公里区域内试点应用，道路通行效率平均提升 10%。①

其次，行人过街提示系统由行人提示立柱和路面发光设施两部分组成，属于国内首创。首批行人过街提示系统部署于上海外滩、青浦国家会展中心外围、浦东新区高东镇等 100 余个路口，区域平均车速提升 10%，路口通行能力提升 7%，道路通行秩序明显好转。②

再次，公交信号优先系统主要是通过路口公交优先控制主机获取所需的公交车辆 ID、线路号、线路等级、行驶方向、距路口距离的信息、车次属性、车辆速度、晚点与否等公交车辆信息，以及路口各方向的车流量、占有率、排队长度等路口交通状态信息，并通过核心公交信号优先算法进行智能研判，根据公交车辆与路口社会车辆实时运行状态不同选择不同级别优先控制策略。目前建设较好的是上海市延安路中运量公交 71 路，主动优先策略的响应执行率达到 91% 左右；工作日日均客运量达到 4.6 万乘次，远远高于常规

---

① 《泛外滩 33 公里试点"智能信号灯系统"　提升全市通行效率》，载东方网 http://sh.eastday.com/m/20190403/u1ai12388604.html，2019 年 4 月 3 日。

② 亿欧智库：《道阻且长，行则将至——2019 年中国智慧城市发展研究报告》。

公交中客流较好线路的规模（1万乘次/日）；运行速度持续提升，早高峰全程平均运行车速17.9公里/小时，运行时间59分钟，晚高峰全程平均运行车速17.0公里/小时，运行时间62分钟。与社会车辆相比，71路的全程运行时间可节省20％以上。①

复次，电动自行车交通违法非现场执法系统针对的是非机动车交通违法治理难题。探索推进基于RFID技术的电动自行车交通违法非现场执法系统，目前已在外环线内的重点路口、路段完成相关采集设备的建设安装，为6万辆从事快递、外卖行业的电动自行车完成电子车牌的换发上牌工作。此外，新技术的应用还实现了对"假套牌"嫌疑车、克隆出租车、"失格驾驶员"等违法车辆和人员的精准打击，守护道路交通参与者的安全。②

最后，上海停车信息化由"一个平台、四个系统"组成。一个平台是上海市公共停车信息平台，四个系统是停车场（库）智能管理系统、区域停车诱导系统、道路停车信息系统、停车信息综合服务系统。2015年7月起，上海开展公共停车信息管理和服务系统工程建设和示范；2016年年底，完成了2 300多家公共停车场电子收费系统标准化改造和信息联网；2017年年底，改造接入的公共停车场电子收费系统数量达到2 600多家；2020年打造完成全市的停车信息化系统工程建设。③

---

① ③ 亿欧智库：《道阻且长，行则将至——2019年中国智慧城市发展研究报告》。

② 《全市道路交通事故、死亡人数实现同步双下降，智慧公安赋能让城市道路更安全》，《新民晚报》2019年11月25日。

此外，上海交警还利用大数据、智能识别等科技手段，比对分析"失格"驾驶人、"假牌套牌"机动车、多起交通违法逾期未处理等违法线索，精准清除交通隐患。

**上海市智慧交通发展前景**

- 提高数据采集能力，形成覆盖度广、整合度高的大数据分析应用平台，实现交通运行研判和决策支持水平显著提高，满足新形势简政放权管理方式的需要，支撑政府决策管理更全面、更高效。

**科学决策的数据化支撑**

**行业监管的智能化支撑**

- 实现城市公交、长途客运、货物配送、远洋运输等运输调度和港口装卸、枢纽换装等生产调度的自动化。实现交通运输票据的电子化、规范化，实现多种方式联程联运，满足综合运输发展的要求。

- 优化信息平台建设，提高交通应急事件处置效率，促进跨部门、跨领域、跨区域的交通协同管理格局，推动长三角区域的交通信息互联共享和交通协同管理机制的完善。

**协同一体的信息化支撑**

**出行服务的多样化支撑**

- 促进多元化的交通信息服务体系构建，优化交通出行服务品质，满足公众个性化、多样化服务需求。公众随时随地获得出行前中后的集成连续的信息服务、售票服务、联程票务、交通电子支付服务等，满足人们交通出行新期待。

资料来源：前瞻产业研究院整理。

上海的智慧交通建设不仅提升了城市交通效率，而且提升了交通违法治理效果，提升了市民交通安全意识。很多外来人员，尤其是超一线城市、一线城市外来人员，对上海交通的高效表示诧异，尽管高峰时期，在主要道路上会出现拥堵，但总能在短时间内实现流动，缓解拥堵状况。未来，上海将继续立足民生、依托科技，秉承绣花精神、保持卓越追求，通过改革创新实现交通管理手段的转型升级，努力创造"更有序、更安全、更干净"的道路交通环境。在固有的城市格局中，其他城市的智慧交通无法复制上海的交通基础设施建设，但在相应的软件与管理方法上则可以系统化借鉴，借鉴上海先进的高科技应用和先进管理理念，推进本地智慧交通建设。

第四，智慧社区建设，服务人民群众。

智慧社区建设是指在街道、镇、村等地理区域范围内，利用信息技术整合社区资源，为社区居民提供高效、便捷和智慧的服务。上海在智慧社区建设中以社区居民的需求为导向，突出为民、便民、惠民的基本要求，统筹考虑、整体规划、分步实施智慧社区的建设目标和建设内容，因地制宜，扎实推进智慧社区建设工作，探索智慧社区的建设模式和运维模式，充分发挥市场作用，积极利用社会各方资源，合力推进智慧社区建设，建立长效运行机制。

上海近几年来的智慧社区建设偏重于安防和社区服务两方面。在安防方面，以基础的网络基础设施全覆盖为基础，运用互联网、物联网、人工智能、大数据等信息技术，推动城市精细化管理与大数据分析以及智能化场景相融合，对已录入人口长期未出现、未录入入口多日出现、陌生人成群出入、独居老人多日未出门等行为进行监控和智能分析，并向社区民警和工作人员发出预警，做到"人车进出情况可控、房屋居住情况可知"。在社区服务方面，针对上海的快节奏生活，智慧社区服务平台可以搭建起物业管理公司、业主委员会、居民委员会这三个主要社区管理方与社区居民之间桥梁，方便居民在平台上进行数据查看、开门、物业服务等活动，错开居民上班时间，利用闲暇时间参与社区事务。

目前，国内各地智慧城市建设的重点和发展路径各不相同，但同时，各地智慧城市建设也有规律可循，即围绕城市总体发展战略，选择智慧城市建设的重点和发展路径，实现智慧城市和城市总体发展战略的统一。就智慧政府、智慧安防、智慧交通、智慧社区这四大领域而言，各地区的建设既具有一致性，又具有个性化，上海市的智慧城市建设落地，有助于其他地区建设的更快发展。

## （四）发挥上海在"人民城市"建设与治理中的优势

以党的十九届五中全会精神为指导，进一步发挥上海在"人民城市"建设与治理中的优势，为提高社会建设水平提供经验指导。党的十九届五中全会提出："改善人民生活品质，提高社会建设水平。坚持把实现好、维护好、发展好最广大人民根本利益作为发展的出发点和落脚点，尽力而为、量力而行，健全基本公共服务体系，完善共建共治共享的社会治理制度，扎实推动共同富裕，不断增强人民群众获得感、幸福感、安全感，促进人的全面发展和社会全面进步。要提高人民收入水平，强化就业优先政策，建设高质量教育体系，健全多层次社会保障体系，全面推进健康中国建设，实施积极应对人口老龄化国家战略，加强和创新社会治理。"①上海在

---

① 《中共十九届五中全会在京举行 中央政治局主持会议 中央委员会总书记习近平作重要讲话》，《人民日报》2020年10月30日。

超大城市治理中，一直致力于改善人民生活品质，提高社会建设水平，这与党的十九届五中全会对下一阶段国家建设的目标高度一致。上海在创新社会治理过程中，充分发挥"人民城市"建设与治理中的优势，在坚持发展中保障和改善民生，在从管理向治理创新转变中强化多元主体参与，在提升社会保障水平中，增强人民群众获得感、幸福感、安全感。

第一，坚持在发展中保障和改善民生。

根据《上海蓝皮书：上海社会发展报告（2019）》数据，上海社会发展的整体状况持续处于中等偏上水平，客观民生与主观民意的发展水平较为一致。近几年数据显示，上海民生民意指数和人民幸福感、安全感、信心度等指数呈逐年递增状态。

劳动就业方面，在工作环境、职业匹配、劳动关系、劳动补偿等基本的劳动就业指标上有较好的表现。通勤时间上，尽管有95％以上从业人员上班单程时间在1小时之内，然而从2015—2018年的数据来看，上海从业人员的平均通勤时间呈现出不断增加的趋势，短程上班的人数，从2017年开始明显减少。收入消费方面，上海居民的工资收入持续增长，低工资人群比例逐渐降低，中、高工资收入人群比例逐年上升，尤其是外地来沪人员的工资收入在2018年得到明显提升。教育发展方面，家庭对于孩子的教育期望仍然保持在较高水平，尤其是对本科教育的期望有所提升。虽然家长对于上海各层次教育质量总体较为满意，并且补习现象和时长都有所回落，但仍占有相当比例，补习费用有所上升。医疗服务方面，居民反映当前医疗服务的六大瓶颈分别是"多做检查"占48.7％，

"开贵药"占 33.0％，"排队时间长"占 32.7％，"检查太分散"占 22.7％，"多开药"占 18.8％，"医生不耐心"占 16.7％。居住环境方面，上海市民主要依靠市场化方式解决住房问题，其中购买商品房占 63.2％，租房占 25.0％；保障性住房在解决市民住房问题上发挥了一定作用，4.6％市民享受到保障性住房福利。市民住房自有率近七成，但市民人均居住建筑面积尚不够理想，仅有 24.53 平方米。①

上海近几年来民生建设的成就是上海在超大城市治理中实现有效治理、稳定治理的重要保障，人民参与城市建设与治理意愿的增强、效果的提升与此密不可分。劳动就业和收入消费保障了绝大多数人的经济收入水平与社会发展同步增长，尤其是在劳动就业方面，坚持以按劳分配为主体、多种分配方式并存的制度，体现效率优先、兼顾公平的原则。作为超大城市，不断完善基础交通设施建设，提升人民出行的舒适度与满意度。对于从业人员平均通勤时间不断增加的问题，需要将基础交通设施建设与社会其他方面建设相结合，如从业人员对居住环境、就业倾向、房租等方面的要求相结合，通过市级层面的统筹来缩短整体通勤时间。在教育方面，家庭对于孩子的教育期望仍然保持在较高水平，尤其是在义务教育阶段，家庭参与学生教育的不断增强，尤其是在家庭—学校互动教育中，家庭积极性较高，对于一些管理规章制度制定前的意见、建议

---

① 数据来源：杨雄、周海旺主编：《上海蓝皮书：上海社会发展报告（2019）》，社会科学文献出版社 2019 年版。

咨询，充分表达了家庭的意愿，在相关规章制度实施后，作为参与者能够严格遵守，作为人民群众起到了很好的监督作用。

第二，在从管理向治理创新转变中强化多元主体参与。

当前上海正在从规模扩张向存量优化的内涵式发展转型，在社会发展领域尤其是如此。其中一项重要内容就是在从管理向治理创新转变中强化多元主体参与。主体参与的多元性体现在社会治理的方方面面。

一是打通公共文化服务"最后一公里"。2012年，上海出台了全国第一部社区公共文化领域的地方性法规《上海市社区公共文化服务规定》。上海市委、市政府办公厅先后印发了《关于本市贯彻推进基层综合性文化服务中心建设指导意见的实施意见》等文件。自2021年1月1日起，上海正式施行《上海市公共文化服务保障与促进条例》，逐步完善公共文化服务地方性法规体系，把全市公共文化服务体系建设纳入法治化、规范化、制度化轨道。上海已形成"市、区、街镇、居村"四级公共文化设施网络，基本实现"中心城区10分钟、郊区15分钟的公共文化服务圈"目标。针对人群居住结构特点、自然村分散等情况，各区积极推动建设介于街镇、村居中间的3.5级"邻里中心、街区中心"，设置村居4.5级"客堂间、睦邻点"等。在商圈、楼宇、交通枢纽、公园绿地、滨江水岸等公共空间，与社会机构共建提供公益性文化服务的城市书房、智慧图书馆、望江驿等新型公共空间，有益补充了四级设施网络。创建公共文化内容的四级配送网络，是上海市提升公共文化服务效能的重要举措。目前，上海已形成全市统一的公共文化内容配送平台,根据市民需求开展配送工作,基本实现了"点单式""订单式"服务。上海还在全市设置了 5 000 余个市民文化需求二维码,形成"需求地图",以便按需精准配送。①同时,上海发挥自身的科技优势,建成了全国第一个省级区域全覆盖的公共文化数字化服务平台——"文化上海云"。市民在该平台上通过热点推荐、兴趣分类、附近搜索等项目便能快速找到并预约感兴趣的活动,包括戏曲、讲座、亲子活动、电影观摩等大量免费、公益的公共文化活动,然后通过发送到手机上的短信或二维码,便可预约进入上海多达 300 余个公共文化场馆参加活动,市民自己成立的文化团队通过"文化上海云"网上登记审核,也可以免费预订、使用全市公共文化场馆的场地设施。整合了全市资源,解决知晓率、参与率和场馆使用率低的问题,同时避免"孤岛"效应和资源浪费;通过互联网大数据破解文化投入和管理难题;创新模式提升上海公共文化整体效能。②

二是破解服务群众"最后一公里",构建"家门口"服务体系。"家门口"服务体系建设的村级平台是村居综合服务站。其终极建设目标是依托村居党建服务站,集社区事务居村代理室、志愿者服务站、红十字服务站、青年中心(少年之家)、妇女之家、居民活动室、外来人口管理办公室、城市运行综合管理工作站、社区民众安全防护应急站、消费者权益保护联络站、食品安全工作站等站点

① 《"家门口的文化生活越过越精彩" 上海率先基本建成现代公共文化服务体系,社区居民既是受惠者又是舞台"民星"》,《解放日报》2020 年 1 月 13 日。
② 《"文化上海云"上线,市民可通过互联网预订公共文化活动》,载澎湃新闻 https://www.thepaper.cn/newsDetail_forward_1449174,2016 年 3 月 27 日。

于一身，把党建资源、公共资源、服务资源、管理资源、自治共治资源等汇集在一处，叠加党群服务、政务服务、为民服务、城市管理等功能，成为一个综合服务平台。为居民提供党群、政务、生活、法律、健康、文化和城市管理共7个大类服务。例如浦东新区围绕"办公空间趋零化、服务空间最大化、服务项目标准化、服务标识统一化"理念，对空间布局再整合、再优化、再完善，使服务空间功能更清晰、更合理、更亲民，把资源下沉到老百姓身边，实现"生活小事不出村居、教育服务就在身边"。为了更好地服务人民群众，改善人民生活品质，在服务站建设中实施了"三张清单"和"三会"制度，即服务需求清单、服务资源清单、服务项目清单和听证会、协调会、评议会。①

上海在从管理向治理创新转变中实现了发展的几个转变，从重视硬件设施完善到重视功能等软件建设；从强调发展的速度到注重人文关怀的温度；从政府的单一治理到人民群众的多元参与。

第三，提升社会保障水平，增强人民群众获得感、幸福感、安全感。

近几年来，按照国家部署，根据上海的实际情况，上海市对社会保障制度进行了持续改革，其主要目的，一是提高社会保障的可持续性；二是阶段性降低企业的社会保险缴费负担，增强企业发展活力；三是提高保障待遇水平，让参保人员有更多的获得感。

---

① 《破解"最后一公里"难题　浦东把服务送到了家门口》，载人民网http：//m.people.cn/n4/2019/0226/c1406-12380224.html，2019年2月26日。

从社会保险情况来看，城镇职工参加社会保险的缴费人数持续增加。养老保险缴费人数 2017 年末为 995.65 万人，医疗保险缴费人数 2017 年末为 1 005.40 万人，失业保险缴费人数，2017 年末达为 961.84 万人。需要指出的是，"十三五"期间，由于上海市政策调整，把外来农民工从业人员纳入上海失业保险覆盖范围，自 2016 年开始，外来务工人员在上海的社会保障范围进一步扩大了。与此同时，养老保险和医疗保险等社会保险的享受人数不断增加。享受城镇职工养老保险的离退休人数 2017 年为 437.32 万人，城镇职工基本医疗保险享受医疗服务总人次 2017 年末为 19 533.02 万人次，领取失业保险金的人数 2017 年为 11.13 万人。①需要指出的是，养老保险缴费人数与享受人数之比呈下降趋势，在职人员的社会保险负担在加重。2011 年，上海市政府将农民工纳入养老保险，导致企业职工养老保险缴费人数与享受人数之比增长较多，且离退休人员增长速度明显快于职工增长速度。

与上海的社会保险覆盖范围、服务群体、保障水平等方面的扩大与提升同步增长的是上海的社保基金规模。上海的社保基金年度收入总体上在增长。养老保险总收入快速增长，2017 年为 2 658.86 亿元，较 2015 年增加 1 004.66 亿元，增幅 60.73%；城镇职工基本医疗保险基金 2017 年收入为 1 358.03 亿元，较 2015 年增加 607.88 亿元；失业保险基金收入 2017 为 87.17 亿元。与收入相对，社保资金年度支出也是逐年增加的。养老保险基金 2017 年支出 1 906.48

---

① 数据来源：2017 年度人力资源和社会保障事业发展统计公报。

亿元，较 2015 年增加 425.68 亿元，涨幅 28.75%；职工基本医疗保险基金 2017 年支出 681.38 亿元；失业保险基金 2017 年支出 98.48亿元。从二者对比来看，除失业保险基金的收入和支出呈负数，养老保险和城镇职工基本医疗保险基金的收入远超支出。并且，社保基金年度结存规模还在不断增加。上海城镇职工社会养老保险基金2016 年结存 173.09 亿元，2017 年因为小城镇养老保险的纳入，年度结余增幅高达 752.38 亿元；医疗保险基金 2017 年年度结余达到676.65 亿元；失业保险基金年度结余最多的年份是 2012 年，为22.07 亿元，2017 年最少，出现了 11.31 亿元的赤字。并且，社会保险基金的累计结存规模在持续增加。企业职工养老保险基金累计结存 2017 年末为 2 029.34 亿元；职工基本医疗保险基金累计结存2017 年末为 2 079.63 亿元；失业保险基金累计结存 2017 年末为169.87 亿元。社会保险累计结余的增加，为阶段性降低企业缴费比例，减轻企业社保压力提供了可能；同时，养老保险和医疗保险等长期社会保险累计结余的增加，也为养老保险基金的投资运营提供了可能性，通过投资运营提高社会保险基金的保值增值能力，可以为应对人口老龄化的长期社会保险支出压力提供支撑。①

　　社会保险基金的良好运行状况，能够为上海进一步提升社会保障水平和质量提供资金支持，在保证资金良性循环的基础上，健全多层次社会保障体系，为应对人口老龄化探索出一条社会保障的成功经验，服务于国家战略。

---

　　①　数据来源：2017 年度人力资源和社会保障事业发展统计公报。

# 第四章　上海发挥在制度创新
# 建设中的引领作用

我国已进入"十四五"时期和全面开启社会主义现代化国家建设阶段。把握新发展阶段是贯彻新发展理念、构建新发展格局的现实依据，贯彻新发展理念为把握新发展阶段、构建新发展格局提供了行动指南，构建新发展格局则是应对新发展阶段机遇和挑战、贯彻新发展理念的战略选择。处于这样一个新的历史性关口，上海进一步发挥好示范引领作用，在贯彻新发展理念、构建新发展格局方面，面临大量制度、体制、机制的创新命题。

## 一、制度创新分析：上海制度创新现状与存在的主要短板

马克思指出：现代文明的一个标志是"建立了现代的大工业城市……它使城市最终战胜了乡村"。①上海自近代以来一直是中国的

———————

① 《马克思恩格斯选集》第 1 卷，人民出版社 1995 年版，第 114 页。

经济、工业中心。改革开放后，上海得益于市场经济的活力特别是20世纪90年代浦东开发开放而再次飞跃。经济中心、金融中心、航运中心、贸易中心和科创中心的建设和自贸试验区首建，建构起今天上海国际性大都市的地位。上海的百年辉煌，很大程度上是由制度创新推动和由制度环境所激发的。

上海作为中国超大城市已站在新的历史起点上，也到了不推进新的大幅度制度创新、不进行深度改革，就难有新的突破的历史阶段。推动高质量发展，必须立足新发展阶段、贯彻新发展理念、构建新发展格局。面对"百年未有之大变局"以及新冠肺炎疫情带来的"全球化"和世界政治经济格局新变化，尤其在经历疫情后全球经济下行的态势下，有针对性地对治理体系和治理能力进行调整和重塑，构筑新的经济社会发展动力，是上海城市进步发展的根本动力所在。

"大范围社会变化的主要进程出自不同的社会，经由一系列标准阶段，每一阶段比前一阶段更高级。"①近几年上海经济加快转型升级，人口总量大幅增加，社会结构趋于多元，群众利益诉求复杂多样，信息传播方式深刻变化，外部环境复杂严峻，改革发展稳定任务繁重艰巨，传统城市社会管理面临严峻挑战。进一步攻坚克难，加快推进制度创新，是上海贯彻新发展理念、构建新发展格局、加快城市新的发展的内在要求。

---

① ［美］艾拉·卡茨纳尔逊：《马克思主义与城市》，王爱松译，江苏教育出版社2013年版，第17页。

同时，上海承担着中央交办的诸多方面重大改革任务，先行先试，当好"排头兵""先行者"，更好地发挥引领作用，是履行好这一责任的必然要求。全面贯彻落实好习近平总书记对上海工作的重要指示和要求，推进进一步的制度创新，才能完成好这一历史使命。时至今日，上海需要包括优化营商环境和市场环境等在内的新一轮综合性制度创新，特别是上海被赋予牵头长三角一体化融合发展、配置全球资源的角色，消除发展中结构性短板，不负所托、再续辉煌，新一轮制度创新势在必行。

所谓"短板"，是影响上海协调发展的薄弱环节和制约上海现代化国际大都市建设的关键点。所谓"结构性短板"，一是指影响上海发展全局的结构性"枢纽"问题。它可能是个别问题，可能是"问题群"；二是指它们不是"技术性处理"就能解决，必须通过规模化的深化改革，通过体制性、制度性变革，才能得到解决。从大的方面看，上海要解决的突出的结构性短板有以下几个大的方面：

## （一）长三角一体化上的短板：上海"龙头"扩散效能不足

《中华人民共和国国民经济和社会发展第十四个五年规划和2035年远景目标纲要》提出："提高长三角地区配置全球资源能力和辐射带动全国发展能力。加快基础设施互联互通，实现长三角地级及以上城市高铁全覆盖，推进港口群一体化治理""推进生态环境共保联治，高水平建设长三角生态绿色一体化发展示范区。"①长三角城市群是我国规模最大、发育最完整、功能最健全的城市群。通过长三角一体化国家战略，形成长三角城市群典型示范，对推动全国发展意义重大。

上海在长三角一体化中担当着龙头带动作用，上海中心城区是长三角城市群的核心功能区。所谓发挥"龙头"作用，就是要全面提升城市能级、优先发展经济核心地区，通过核心区域扩散效应带动地区发展，提升都市圈一体化水平，构建区域联动协作、城乡融合发展、优势充分发挥的协调发展新格局。但目前上海作为"龙头"的扩散效应不突出。区域经济在运行过程中存在两种效应，即所谓"极化效应"和"扩散效应"。从经济联系强度指标看，江苏、浙江、安徽对上海的经济联系度均不高；从可达性指标看，江苏可达性优于上海。安徽对上海和浙江的经济联系度并不高，跨区域协调互动不足，尚未深度融入长三角，而交通方面的可达性最弱。行政管理区域分割与城市群一体化矛盾，是一体化发展的重要矛盾。上海青浦、江苏吴江、浙江嘉善作为长三角生态绿色一体化发展"示范区"制度创新取得实际成果的突破有待强化，发挥示范引领功能有待提升。

### （二）"五个中心"建设上的短板：全球链条整合配置能力有待加强

据英国独立智库 Z/Yen 发布的全球金融中心指数（GFCI），

---

① 《中华人民共和国国民经济和社会发展第十四个五年规划和2035年远景目标纲要》，《光明日报》2021年3月13日。

2015—2018 年间上海排名上升了 15 位，2020 年位列全球第 3。国际航运中心方面，上海国际航运中心的枢纽地位基本确立。截至 2017 年，上海港集装箱吞吐量连续 8 年保持世界第一，且与紧随其后的新加坡港之间的差距逐年增大，领先箱量从 2012 年的 80 万 TEU 增长至 2017 年的 651 万 TEU；2017 年上海浦东国际机场的货邮吞吐量位列全球第三（前两位是香港国际机场和孟菲斯机场）、国际货邮吞吐量跃升全球第二（次于香港国际机场）。航运服务加快集聚，全球排名前二十的班轮公司、排名前四的邮轮企业、全球九大船级社、国有和民营主要航运企业均在沪设立总部或分支机构。科创中心方面，上海综合科技进步水平指数处于全国前两名，2017 年上海研发经费支出占 GDP 3.78%，接近创新型国家水平（以色列、芬兰、日本等在 4% 左右）。[1]

尽管"五个中心"建设已初步具备一定的全球资源配置能力，但与成熟的全球城市相比差距仍显，全球链条整合能力和要素市场交易配置能力有待加强。如全球链条整合能力上，据目前数据，上海跨国公司地区总部数量共 634 家，新加坡有 4 200 家、香港有 1 389 家。目前全球性、亚太区总部上海有 72 家，占集聚总数 11%。全球 500 强企业总部上海仅 7 家，远低于东京、伦敦、纽约，并且尤其缺乏资金中心、结算中心、利润中心等核心功能型总部。[2]

---

①② 《"十四五"时期上海国际经济中心发展重点问题研究（下）》，《上海综合经济》2020 年第 6 期。http：//shadr.org.cn/detail.jsp?main_artid=87846&top_id=219&main_colid=234。

## （三）经济增长上的短板：深层次可持续的驱动力不足

我国已转向高质量发展阶段。上海面临体制性问题是，如何从"政府经济"为主体的形态转向全面的市场经济，从市场获得内生活力，构建经济增长动力，发挥市场对配置资源的决定性作用。从推进治理体系与治理能力现代化要求看，上海要努力成为国内大循环的中心节点和国内国际双循环的战略链接。上海要以打造"双循环互动发展示范"为突破口，全面推进双循环战略的落地实施。加速资本要素与技术、数据等动产要素的融合，推进科技创新发展，突出技术、数据、管理等现代要素的市场价值。除了在推进服务业同时强化上海制造业，实现"制造强市"外，上海经济发展的核心问题，是如何从"政府型经济"走向"全面市场经济"，本质上仍是一个如何有效转变政府职能的问题。政府要担当起利益平衡者和市场激活者的角色，政府部门、政府职能要从"经济型"事务过程摆脱出来，承担好"社会治理型"事务。

## （四）城乡统筹上的短板：郊区发展长期滞后

"城—郊"落差性发展，乃为影响上海"十四五"发展的重要短板。其历史原因，一是长期的"分割体制"。马克思在《劳动分工与制造》中指出："得到极大发展并由商品的交换所带来的每一劳动分工的基础，是城镇与乡村的分离。也许可以说，整个的社会经济史是在这种对立的运动中积累起来的。"①正是这种"分离"思维，导致发展多以中心城区为基点，缺乏包括郊区在内的一体化均衡考量和布局。二是人才吸引乏力。长三角许多地方对于人才的吸纳能力超过上海郊区，客观上分流了人才在上海的流入。三是行政治理孱弱。郊区作为上海加快发展的"纵深地带"，行政体制改革滞后，社会治理模式低下，行政权力交错且效率低下，资源浪费严重。亟须加快补齐基础设施和公共服务方面的短缺，推进郊区行政体制改革，构建简约型、治理型行政体制，强化郊区社会治理。同时建设一批高水平产业园区，培育新兴优势产业，并把成长性好的产业和企业吸引到郊区生根发展，对低效建设用地进行"二次开发"。

### (五) 社会结构上的短板：城市"社会力"不强

相较于城市其他方面发展，社会发展还是相对滞后，万人社会组织拥有量仍远落后于世界发达国家水平。娱乐性、文艺性组织居多，功能性、专业化的"治理型"社会组织缺乏。《2020 年上海市社会组织工作要点》提出，"加大科技类、公益慈善类、社区服务类社会组织培育力度，大力推动与上海五大中心建设相适应的社会组织发展"，"与上海五大中心建设相适应的社会组织"就需要发展

① 转引自〔美〕艾拉·卡茨纳尔逊：《马克思主义与城市》，王爱松译，江苏教育出版社 2013 年版，第 31 页。

功能性、专业化的"治理型"社会组织。而"放管服"改革成功与否的一个因素，就在于很多社会治理事务，有没有社会组织来承接。

虽然改革开放以来特别是新时代以来，城市市民对于城市治理的参与不断扩大，也不断在制度体制上得到推进，但相较于上海的国际地位和发展要求，显然是不够的，"参与率"低，事实上已成为遏制上海成为卓越的全球城市的屏障。加快培育"功能型"社会组织，使城市治理以"政府管理"为主体转向有广泛市民参与基础的"公共治理"，在经济事务上更好地发挥市场作用，在社会事务上更好地发挥社会作用，是社会领域上海面临的制度创新任务。

## （六）人才结构上的短板：缺乏面向全球、引领创新驱动方面的高端人才

人才结构上的短板体现在：一是有世界影响力的科学家和专业性人才群体比较少；二是规模化企业家群体阵容小；三是有强健探索动力的科技创业人才不足，有的还正在流失；四是风险投资人才不足。

2020年一项问卷调查结果显示，与北京、深圳等城市相比，受访者认为上海缺乏吸引全球创新型人才、顶尖人才的区别性政策，企业人才环境有待改善的企业家占到37.6%。城市人口规划和政策上的"限量思维"，客观上阻碍城市人口更新和各类高端人才的大容量吸纳。目前规定2040年人口调控在2 500万左右，一定程度上

会遏制吸纳包括各类人才在内的外来年轻人口的几率。城市人口总量需要从"限量思维"转向"开放思维",让城市"承载量"和基础设施"适应"人口发展实际,按实际发展体量来设计规划基本设施,而非相反。

从不断升高的城市商务成本发展看,也是当下影响上海营商环境优势、遏制人才进入、影响激发更强的综合竞争力的一个制约因素。城市商务成本不断攀高,客观上导致创业成本和创新风险升高,提升社会运营成本,同时还引发各方面成本的翻新,加剧创业、创新的艰难性。因此,要把抑制商务成本上涨作为上海城市治理的主项之一,作为政府重要公共职能之一。


## (七) 城市文化上的短板:城市文化遗产萎缩

一是城市"非物质文化遗产"日显萎缩。与市民生活息息相关的老字号如"功德林""钱万隆""老凤祥"等已名存实亡,至于如江南丝竹、徐行草编、奉贤滚灯、黄杨木雕等传统技艺等,都难以为继。二是城市更新中,物理性的深入市民生活的文化资源遭受毁损,包括古镇、老街、石库门、茶馆、老剧场、闻人名宅等资源不断消减。三是城市中心的"商务化"态势加剧,通过"功能置换",越来越多中心城区形成"人居荒漠"趋势,对上海城市本体文化构成挑战。而情调和风情,历来是上海的特质,是上海都市文化品质的灵魂。

上海市第十一次党代会提出要用五年时间把上海建成"国际文

化大都市"。目前，上海人均文化消费水平只有发达国家 1/3 不足，文化产业产值在 GDP 中所占比重不高。"短板"之短，在于长期 GDP 至上发展模式和高强度"打造"导致城市建设表面化。发展模式上的高强度"打造"，城市更新中大拆大建，导致城市文化根脉毁损，文化建设表面化，形成"经济动物型"态势。要守住上海的都市文化特质，遏制大拆大建，控制商业性景点开发，对已损坏的旧里（老镇、老弄堂、石库门）、历史建筑（包括闻人名宅）、文化遗迹（茶馆、说书场、老剧场）等尽可能恢复。让上海有文化、有情调，让城市有柔性、弹性和模糊性，容纳更多自然性和多元性质。

总体上看，贯彻落实好习近平总书记对上海工作的重要指示，进一步加快制度创新，发挥在全国制度创新建设中的引领作用，真正成为我国制度创新的排头兵，需要把握处理好以下几个关系：

一是处理好"接轨全球"与"上海特色"的关系。上海制度创新面临着与以往完全不同的外部环境。外部环境新变化带有长期性和趋势性的特征。如何根据这种新的外部环境变化来调整发展路径，是个大课题。上海作为国际大都市，全面接轨世界的步伐仍需加快，如上海自贸试验区制度创新在对标国际高标准贸易投资规则方面要加大接轨力度，特别是环境、劳工、信息和数据的自由流动、原产地要求、知识产权、投资者与国家争端解决机制（isds）等高标准规则的核心内容，作为接轨重点，构建符合国际化、市场化、法治化要求的最先进的投资和贸易规则体系。与此同时，又要坚持上海"特色"和"初心"，围绕中央要求的"大胆试、大胆闯、自主改"的要求，扩展自贸试验区制度创新的探索空间，形成更大试错边界，建立容错机制，探索创造一套适合我国国情、适合上海城市发展特点的高标准、广覆盖治理规则体系，为全面深化城市改革提供新鲜经验。

二是处理好"重点突破"与"系统集成"的关系。要在制度创新这一重点突破上进行聚集、集中精力。所有改革，要用有无制度体制上的真正的突破来衡量。制度创新一旦突破，满盘皆活。抓住制度创新，也才能摆脱利益调整引起的反弹。制度作为一种稳定性结构，才能防止一些改革由于人事变动、注意力的改变而出现"一风吹""翻烧饼"或"复旧"现象，才能避免震荡反复，促使改革长久产生"红利"。上海正在实施的"三项重大任务"特别是自贸区模式创新上，要形成拿得出手、摆得上桌面的重点突破，同时要加快形成整体的系统集成，向各领域发散制度创新的逻辑。目前，上海各领域在一些单项改革方面较为明显，但整体性、协调性、系统性不足，制度创新整体效应不明显，客观上开放程度受到制约。

三是处理好"制度创新"与"功能发挥"的关系。上海作为制度创新的先试先行地区，应进一步激发改革的创新精神和活力，形成全局性、突破性创新举措，即具有全局意义的制度模式、制度流程等方面的改革成果，加快形成城市开放型经济新体制。要从要素确权、交易单位、定价机制、交易方式以及市场监管等基本环节入手，制定和完善贯穿要素交易市场全流程的制度体系。同时，重在发挥制度创新已有成果的功能，用这些新的制度创新成果管事、管治理，释放示范引领功能和经济社会杠杆功能。"制度创新"与

"功能发挥"实际上是一种"体—用"关系，现阶段上海制度创新上比较重视"体"的建构，"用"的扩散明显不足。由此在推进"先行先试"制度创新的同时，应着力进行"制度红利"的发掘，在全社会把制度创新的功能发挥至最大。

# 二、上海发挥在制度创新中引领作用的实践路径

新中国成立以来，上海经历过多次社会转型。目前，上海正处于由本土创新扩散向制度创新为核心的国际创新中心升级阶段，面临着更为深刻的社会转型的客观压力，即通过新一轮的创新驱动，建立健全更加成熟、更加定型的国际化、市场化、法治化的制度创新体系。从整体看，上海立足加快发展进一步推动制度创新，尤其要在六个重点方面形成新的突破：上海自贸试验区制度体系的进一步创新突破；推进长三角一体化发展制度体系的创新突破；产业政策、产业制度的进一步创新突破；城市公共卫生制度体系建构一步创新突破；推进营商环境制度性优化的创新突破；超大城市社会治理制度的创新突破。

## （一）上海自贸试验区制度体系的进一步创新突破

2013 年，上海自贸试验区成立。2016 年，习近平总书记对上海自贸试验区建设作出重要指示，强调解放思想、勇于突破，大胆

试、大胆闯、自主改，力争取得更多可复制推广的制度创新成果。2018 年 11 月，习近平总书记在首届中国国际进口博览会开幕式上宣布增设上海自贸试验区新片区。2019 年 8 月 20 日，上海自贸试验区临港新片区揭牌。临港作为上海高端制造业的代名词，是上海产业集聚度最高、产业链最齐全的区域。截至 2020 年 7 月底，新片区累计新签约产业项目 120 个，涉及总投资超过 1 900 亿元。区内已有 12 家企业申报战略性新兴产业专项，201 家企业申报高新产业和科技创新专项。"两机专项"等一批重大项目建设持续推进。①中山大学自贸区综合研究院发布《中国自由贸易试验区发展蓝皮书（2019—2020）》、《2019—2020 年度中国自由贸易试验区制度创新指数》，数据显示上海自贸试验区、深圳前海蛇口片区、广东自贸试验区南沙片区位居全国自贸试验区制度创新总体排名前三。上海自贸试验区位居全国自贸区省级综合排名第一。

　　上海自贸试验区建设已步入新的阶段，要向高能量型的自贸试验区发展，提升全球资源配置能力和在全球价值链的位置和势能。全球资源配置能力指在全球范围内吸纳、凝聚、配置和激活城市发展所需战略资源的能力，反映了在全球范围内进行资源配置的规模、质量和效率，是上海取得经济社会发展的决定性因素，也是上海发挥全球影响力与控制力的重要体现。

　　上海自贸试验区要成为中国全方位、高水平、多层次对外开放

---

　　① 《自贸区再领新任务率先探索形成新发展格局》，上海自贸易试验区管委会官网 2020-09-04。

的主力军，尤其是在疫情后在全球化面临贸易保护主义侵袭、全球经济恢复乏力的时候，更要在国际国内双循环、加大引入外资和加快进出口，打造高端制造业，抢占技术创新的高地，在以国内市场为主体的开放、稳定、安全的产业链上探出新路。同时要尽快根据全球形势调整布局，特别是要抓住疫情之后全球制造、技术、人才、资金向东转移，向东亚、东北亚以及中国转移的有利时机，打造好国内国际相互促进的新发展格局。

2019 年 3 月，上海市人民政府印发《本市贯彻〈关于支持自由贸易试验区深化改革创新若干措施〉实施方案》的通知，进一步推动上海自由贸易试验区在新的起点上实现更高质量的发展，推进上海自贸试验区与全市改革联动。实施方案涵盖 5 个大类 62 条。它在优化投资环境方面明确，将上海自贸试验区保税区片区综合用地改革试点在上海自贸试验区推广，在符合规划要求的前提下，允许区内土地按功能需求适当提高容积率，允许同一地块或同一建筑按规定兼容多种功能。此外，实施方案在提升贸易便利化、推进金融开放创新、创新人力资源保障机制三方面，提出 40 条举措。①2020年 6 月 23 日，《自贸区外商投资负面清单（2020 年版）》发布。自

---

① 包括支持浦东国际机场空港口岸成为汽车平行进口指定口岸，推动在洋山保税港区内开展进口汽车保税存储、展示等业务；进一步提高在上海自贸试验区海关特殊监管区域内入境的艺术品审批速度，将确定清单到允许入境的时间从 20 个工作日缩减到 10 个工作日；推动上海市银行业金融机构在依法合规、风险可控的前提下按相关规定为境外机构办理人民币衍生产品等业务；除经营性人力资源服务机构从事职业中介活动外，对在上海市设立的中外合资和外商独资人才中介机构，实行备案管理等。

贸试验区的示范价值，就在于通过对标国际最高水平、最高标准的经贸规则，加上内需市场的吸引力，使国内市场变成全球市场，集聚全球的资金、人才等要素，并以此倒逼改革，加大开放力度，推动统一市场的形成。

"十四五"期间，要尽快把在客场进行的、以出口为主要特征的经济全球化，升级为以利用我国庞大内需为主要特征的"主场全球化"战略模式。这就要求实行进一步高度开放、竞争统一的市场体系。在制度创新的突破上，要对标国际高水平的自贸区，"负面清单"仍要进一步压缩，大量外资专项规定亦可逐步取消。自贸试验区虽已构建了以自由贸易账户体系为核心的金融管理机制，但目前金融开放程度仍有限，需从单方面的金融功能创新，转变为整体性的金融制度创新。在新型金融服务提供、审慎监理、信息透明化、自律组织、支付以及清算系统条款等多方面与国际最高水平接轨。自贸试验区要实现人流、物流、资金流、信息流、数据流完全的自由流动；自贸试验区新片区的制度创新，应与上海科创中心建设的总盘子构成高度联动。自贸试验区接下来的制度创新突破，既要引领国内大循环，形成区域价值链的协同；也要参与国际大循环，形成地区价值链的重构。这一难度更高，需要依托产业结构特征，围绕产业能力提升、经济结构转型、科技创新上做突破，进而才能发挥牵引和引领作用。

我国自贸区试验探索的核心，是简政放权、放管结合、优化服务，促进资源配置全球化、经济贸易国际化、高度流通无障碍化，构建起开放型的经济新体制。这就要处理好"先行先试"与面上铺开的关系。一方面要把探索的着力点，放在更多可普遍化推开的制度创新突破的探索上；另一方面又要尽快把自贸试验区已获得的制度创新成果和管理模式普遍化，在面上全面推开（比如可考虑整个上海市都成为自贸试验区）。要以更大勇气和远见卓识，把"放管服"为核心的构建开放型经济新体制的改革，向更纵深推进。

### （二）推进长三角一体化发展制度体系的创新突破

2018 年 11 月 5 日，习近平总书记在首届中国国际进口博览会上宣布，支持长江三角洲区域一体化发展并上升为国家战略。这是落实新发展理念，构建现代化经济体系，推进更高起点的深化改革和更高层次的对外开放，同"一带一路"建设、京津冀协同发展、长江经济带发展、粤港澳大湾区建设相互配合，完善中国改革开放空间布局的重大举措。长三角一体化是新时代中国现代化的大文章，如何书写好这篇刚刚破题的大文章，关键是如何实现进一步的制度创新。重点在进一步扩大高水平开放，率先探索关键核心技术，攻关新型举国体制，加大科技攻关力度，在集成电路、生物医药、人工智能等重点领域和关键环节实现突破。①

据麦肯锡预测，到 2025 年全球 600 强城市将贡献全球 GDP 的

---

① 《韩正主持召开推动长三角一体化发展领导小组全体会议》，新华社 2020 年 9 月 24 日。

60％。在最新城市竞争格局下，全球价值链高端要素在不断向世界级城市群聚集。区域综合实力的竞争，正越来越体现在城市群能级的竞争上。目前，我国已规划了 21 个城市群，城市群成为未来中国经济、社会活动的基本区域结构，也是中国新型城镇化和推动城乡深度融合的基本方式。长三角一体化是中国发展的内生需要，也是全球发展的大势所趋。从全球看，无论是欧盟还是美国的纽约湾、日本的东京湾等优秀的城市群，成功的区域一体化必须打破"诸侯经济"格局，实现不同区域资源自由流动。欧盟是当今世界区域一体化的典范，成功之处在于，通过国家之间权力让渡和利益博弈，构建了一套制度化水平很高的长效合作体制机制，为一体化提供制度保障。

2018 年三省一市联合组建的长三角区域合作办公室在上海挂牌成立，实现三省一市合署办公。三省一市签署《关于深化长三角地区人大工作协作机制的协议》《长三角科创板企业金融服务一体化合作协议》《长三角地区知识产权公共服务合作框架协议》等。2019 年 6 月长三角 G60 科创走廊集成电路产业联盟正式成立，围绕产业链、创新链、价值链一体化布局，聚焦人工智能、集成电路、高端装备等七大先进制造业产业集群，九城市优势互补，成立新材料产业技术创新联盟、机器人产业联盟、智能驾驶产业联盟、新能源产业联盟、新能源和网联汽车产业联盟、人工智能产业联盟、生物医药产业联盟，初步搭建起以"企业为主体、市场为导向、政府为引导"的长三角城市产业一体化发展新平台。

2019 年 12 月 1 日，中共中央、国务院印发《长江三角洲区域一体化发展规划纲要》,① 多处论及"世界级""国际"等概念。2019 年 12 月的中央经济工作会议提出,提高中心城市和城市群综合承载能力,推进京津冀协同发展、长三角一体化发展、粤港澳大湾区建设,打造世界级创新平台和增长极。这意味着,"中心城市"和"城市群"将成为我国区域经济发展的空间着力点。世界银行报告显示,地球上一半的生产活动集聚在 1.5% 的土地上。城市群已成为全球经济重心转移的承载体。长三角一体化本质上是区域现代化的整体联动,上海担当着重要角色。如何实现真正的"一体化",打造具有国际影响力的世界级城市群,是长三角一体化面临的机遇和挑战。长三角一体化面临的制度创新突破点主要是:

第一,强化整体性的区域联动效应。据上海市科学学研究所发布的《2019 长三角一体化区域协同创新指数》显示,长三角协同创新指数年均增长 8.67%。但 2018 年上海市工商联联合苏浙皖工商部门开展一项联合调查,发放 1 635 份企业问卷,半数以上受访企业认为,数据信息共享程度低、标准不统一,为影响商品要素在长三角自由流动的主要原因。51% 企业认为,区域规划各自为政,科创、环保、金融、物流等公共服务平台和基础设施建设难以完全实现共建共享。近九成企业认为,须降低区域间贸易成本和加强产业集群。57% 的企业认为,长三角产业规划协同度不高。41% 的企业

---

① 规划期至 2025 年,展望到 2035 年。规划范围以上海市,江苏省南京、无锡、常州、苏州、南通、扬州、镇江、盐城、泰州,浙江省杭州、宁波、温州、湖州、嘉兴、绍兴、金华、舟山、台州,安徽省合肥、芜湖、马鞍山、铜陵、安庆、滁州、池州、宣城 27 个城市为中心区(面积 22.5 万平方公里)。

表示，产业扶持政策导向过于趋同。

第二，遏制创新人才投入差距扩大趋势。长三角人才一体化在短期内取得了一系列成果，但由于受行政区域的限制，长三角地区人才流动存在本位主义和各自为政的现象，制约着人才效能的发挥，成为长三角地区高质量发展的障碍。同时，四地在人才政策、资源和服务方面存在较大差异，人才评价标准不统一，职业资格和技术等级尚未实现互认，各地人才养老、医疗等社保衔接也困难重重，导致人才市场处于相对独立的分割状态。

从规模以上工业企业 R&D 人员全时当量占就业人员比重的变异系数来看，地区间创新人才投入差距扩大。从资金往来情况看，长三角地区研究与开发机构和高等学校 R&D 经费中企业资金的比重并不高，产学研协同创新潜力较大。由此长三角一体化应以实施创新驱动发展战略为主线，以构建区域技术转移体系、创新资源共建共享共用为抓手，加快区域协同创新网络建设，将长三角建成具有全球影响力的科创高地和产业高地。这当中，要重视打造人才一体化工作平台，以实现区域内人才资源的合理利用和优化配置。

第三，改变要素市场一体化滞后的局面。从市场分割指标看，消费品市场的分割指数低于资本品和劳动力市场的分割指数，即商品市场一体化水平高于要素市场。尤其是，劳动力市场的相对价格方差波动幅度较大，处于不断调整中。推动劳动力要素的优化与重组，对于促进区域一体化发展具有重要意义。劳动力市场一体化可以通过区域劳动力的集聚和扩散。加快推进长三角地区劳动力市场一体化，关键在于推动劳动力要素市场运行机制的创新，特别是破除限制劳动力流动的户籍制度和不均等的公共福利制度，深化教育、医疗、养老等公共服务机构的跨地区服务，鼓励劳动力的跨区域自由流动，实现劳动力与生产空间分布的协调一致。

第四，优势产业重合度高的结构有待打破。长三角地区产业结构层次上的差异开始逐渐显现，地区间产业结构专业化分工趋于合理，产业一体化发展取得了一定的成效。但是专业化指数偏低，地区间专业化分工水平不高。从结构相似性系数指标来看，长三角地区产业结构趋同化现象依然比较突出，尤其是江浙皖同构现象较为严重，地区间低水平同质化竞争较为激烈。从区位商指标看，长三角地区产业布局各有优势，存在着一定的互补性，但优势产业重合度依然较高。浙江省几乎所有区位商大于1的制造业行业均与江苏省重合，江苏省几乎所有区位商大于1的高端制造业行业均与上海重合。

第五，社会领域信息化协同和融合水平亟须提升。长三角地区信息基础设施建设和信息化应用的内部差异在不断缩小，为信息一体化提供了技术支撑。但是在推动区域政务数据开放共享，形成社会民生、航运交通、城市安全等重要领域信息化应用全面对接，如加强医疗卫生、社会保障领域信息一体化建设、加强环境治理信息共享、完善交通智能化服务等方面亟待进一步提升发展水平。例如地区间铁路交通网密度差异较大，亟待打通省际断头路。从变异系数来看，铁路交通网密度的变异系数远远高于公路交通网。公路交通网密度的变异系数始终维持在较低水平，值得注意的是，长三角地区交通一体化不能仅仅是停留在表面、量变的阶段，还需要进一步打通省际断头路，不断提升省际通达力，统筹推进铁路、公路、港航、机场等基础设施建设，推进区域资源优化配置，构建互联互通，管理协同合作、服务共赢共享的现代化综合交通体系。

第六，社会保障和文化基础设施差距亟须改变。城镇常住人口养老保险和基本医疗保险覆盖率的变异系数增长较为明显，表明长三角地区社会保障内部差距呈现扩大趋势。如果说全面脱贫是全面建成小康社会的重要标志，那么全面实现公共服务均等化就是2035年我国初步建成社会主义现代化强国的重要标志。未来长三角应致力于社会保障的互联互通，提升跨区域社会保障服务便利化水平。此外，人均拥有公共图书馆藏量的变异系数，明显高于其他指标，在一定程度上反映出长三角地区文化基础设施差距较大，但这种差距在不断缩小。

区域合作依然存在体制机制不健全等现实挑战。长三角在跨地区协调机制建设方面已取得较为显著的成绩，但也面临政策配套、立法和资金等保障机制不完善、利益协调机制不健全等现实挑战。真正可能长期地、持续地扭曲一体化进程的主要力量，主要是制度方面的阻碍因素，这也可以看到，长三角一体化面临的制度创新才是任务的焦点。长三角一体化主要是行政区之间协商合作而不是一级政府统一治理。要坚持全面深化改革，坚决破除制约一体化发展的行政壁垒和体制机制障碍，建立统一规范的制度体系，形成要素自由流动的统一开放市场，为更高质量一体化发展提供强劲内生动力。

此外，长三角生态环境相对脆弱，成为高质量一体化的短板。

从单位 GDP 耗电量、废水排放量、固体废物排放量、$PM_{2.5}$、$PM_{10}$、酸雨发生率等指标来看，长三角三省一市节能减排、环境质量不容乐观。未来长三角地区一体化发展应更加注重坚持生态优先，强化生态系统和生态空间保护，严格保护跨省界重要生态空间，加快形成保护和开发的良性循环，深入推进大气污染协同防治，强化区域环境协同监管，进一步完善区域环保合作机制，研究建立多元生态补偿机制等，促成优质生态产品供给能力不断提升，基本建成与世界级城市群相适应的自然生态、人居环境和区域风貌。

要提升上海城市能级和核心竞争力，引领长三角一体化发展，着力提升上海大都市综合经济实力、金融资源配置功能、贸易枢纽功能、航运高端服务功能和科技创新策源能力，有序疏解一般制造等非大都市核心功能。形成有影响力的上海服务、上海制造、上海购物、上海文化"四大品牌"，推动上海品牌和管理模式全面输出，为长三角高质量发展和参与国际竞争提供服务。尤其是上海青浦、江苏吴江、浙江嘉善作为长三角生态绿色一体化发展的示范区（面积约 2 300 平方公里），要突出目标导向，坚持问题导向，突出制度创新为重点，拿出实际的制度创新成果，来示范引领长三角地区更高质量一体化发展。

### （三）产业政策和产业制度的进一步创新突破

改革开放以来，产业结构调整一直是上海经济发展的重要方面。特别是 20 世纪 90 年代后，上海产业结构由适应性调整转向战略性调整，渐趋合理，成为推动经济增长的强大动力。但是，在产业结构调整和升级背后隐藏的自主技术创新能力不足的问题以及制造业产业空心化问题，一直无法得到根本解决。

从国际看，全球经济处于低速增长区间，呈现人口增速下降（Dedopulation）、生产增长乏力（Declining Productivity）、债务水平居高不下（Debt）、去全球化（Deglobalization）的"4D"特征，不确定性风险加大。在科技革命加速、经济格局变革、治理规则重构等因素推动下，全球新一轮产业分工和贸易格局正在重塑，特别是中美摩擦常态化将对全球产业链、价值链、供应链产生深远影响，推动全球产业分工格局重构。上海在面临传统优势产业外迁、头部产业升级抑制等风险的同时，也倒逼加速产业链、创新链、价值链升级步伐。

国际城市的优势产业往往具有对产业链、价值链及全球市场的控制力，其资源配置能力、创新能力越强，越会吸引跨国公司、国际金融机构、国际组织或专业服务机构等主体集聚。上海产业发展面临需求冲击"快变量"与转型升级"慢变量"交织的困境，新旧功能转换阵痛期要比预期长，长期和短期相结合、供给侧与需求侧相结合的新旧功能转换有效机制亟待建立。

一方面，上海外向型产业发展模式亟待转型升级。上海制造业大部分以"代工生产"模式嵌入全球供应链体系，即使高技术产业，也主要以加工贸易方式参与全球分工，通过进口技术含量高的芯片、制造设备、关键部件加工组装成成品出口，"十四五"重点是在核心关键技术上有所突破，拓展销售渠道，打响制造品牌，提升在全球价值链的层级。另一方面，上海如何推动消费升级与产业升级的联动，也是当下特别是"十四五"产业发展面临的重要任务。即将开始的"十四五"，是上海制造业处于新旧动能转换的关键阶段。据估计，2019—2025 年上海制造业年均增速约为 3%，"十四五"期间约为 4%。随着上海工业继续向高端化、智能化方向发展以及近年制造业投资的高速增长，工业经济将逐步企稳回升。"十四五"制造业的增长，将整体呈现前低后高的走势，制造业大项目产能释放大多在 2022 年前后。

上海要走"科创＋产业"道路，促进创新链与产业链深度融合，以科创中心建设为引领，打造产业升级版和实体经济发展高地，不断提升在全球价值链中的位势，产业政策、产业制度创新突破面临的重点是：

第一，加快实施深度工业化战略。上海要适应我国由"制造大国"向"制造强国"的转变，在制造业占 GDP 比重保持基本稳定的前提下，要聚焦关键共性技术、前沿引领技术、应用型技术，建立政学产研多方参与机制，开展跨学科跨领域协作攻关，形成基础研究、技术开发、成果转化和产业创新全流程创新产业链。围绕关键技术、关键领域、关键环节突破，大力发展先进制造业和战略性新兴产业，提升技术含量，培育领军企业，实现上海制造业"内涵式"发展，努力在全球制造业分工体系中占有重要的控制地位。在产业体系上，坚持现代服务业为主体、先进制造业为支撑的战略定位，重点强化产业核心功能和关键环节。尤其在"十四五"时期，要进一步丰富产业体系内涵，应增加"两个重点"，一是重点发展产业的核心功能，二是重点发展产业的关键环节，即"现代服务业为主体、先进制造业为支撑，重点发展产业的核心功能，重点发展产业的关键环节"。①

第二，加快推进产业融合化。制造业与服务业的融合是全球制造业发展主流方向之一，传统制造商逐渐向技术研发、市场拓展、品牌运作、系统解决方案等生产服务业发展，最直接表现即为生产性服务业的快速发展。服务业已成为上海经济实力的主支撑和经济增长的主动力。2012 年后，上海服务业增速快于 GDP 增长、快于工业增长，服务业占 GDP 比重上升到 70%（2019 年达 71.2%），服务业对经济增长贡献率超过 80%。②现阶段发达国家生产性服务业占比一般 70%左右，上海仅为 60%，存在较大差距。重点要强化消费升级赋能，建立消费升级与产业升级的有效联动机制。产业升级方面，要支撑产业链迈向中高端的研发设计、信息服务、供应链管理、整体方案解决等生产性服务业，推动制造业服务化成为服务业发展的动力。

第三，加快推进全面智能化。随着信息、大数据、人工智能等技术的发展以及要素成本的上升，制造业发展全面进入智能化时代。以智能制造、机器换人等为特征的新型生产模式不断涌现，企

① 《"十四五"上海经济社会发展打造"五大新支柱"的七大发力点》，载澎湃新闻 https://www.thepaper.cn/newsDetail_forward_8563484，2020 年 8 月 3 日。

② 杨波、杨秋怡：《"十四五"时期上海产业发展的阶段性判断》，上海市发展改革研究院 2020 年 2 月 18 日。

业竞争力水平更多依靠智能化的技术设备、先进的管理水平、一流的信息基础设施等。"十四五"将是产业智能化的奠基期，上海产业政策和产业制度创新，要在抢抓国家深度工业化机遇的同时，实现自身发展特别在关键技术、关键产品、关键环节上取得突破，推动生产性制造向服务型、消费型制造转变，推动生产性服务业向专业化和价值链高端延伸。同时，全面提升制造业发展的智能化水平，推动人工智能与实体经济深度融合。

第四，推动原始创新、技术创新和产业创新。瞄准世界科技前沿和产业制高点，共建多层次产业创新大平台。发挥创新资源集聚优势，协同打造具有全国影响力的科技创新和制造业研发高地。加强跨区域"双创"合作，联合共建国家级科技成果孵化基地和双创示范基地。加强清华长三角研究院等创新平台建设，共同办好浦江创新论坛、长三角国际创新挑战赛，打造高水平创新品牌。上海要深化有限政府理念，以壮士断腕意志推进产业升级、以破釜沉舟决心推进所有制的改革，不拘一格集聚各类人才，才能力争在激烈的城市发展竞争中挺进三甲，成为与伦敦、纽约相媲美的全球顶尖城市。

第五，构筑"点—线—面"结合的产业布局新空间。首先要形成"点"的增长源。重点发展若干产业集聚区域，包括临港新片区、虹桥商务区、长三角一体化示范区、张江科学城等。其次建设"面"的特色区，形成"内环、中环、郊区"的特色产业格局。以内环为核心，提升"五个中心"核心功能，集聚发展都市高端服务业。沿中外环区域，培育发展"四新经济"的"赋能经济金腰带"，促进新产业、新技术、新业态和新模式发展，打造产业引领区。

　　结合创新与产业资源特点，"发展战略性新兴产业和先进制造业，促进产业和创新协同发展，打造特色的产业集群：嘉青松闵，打造面向长三角的高端产业集群；沿江临海，打造高端'硬核'产业集群；空间联动，推动'东西联动、南北一体'发展。最后，构建'线'的发展轴，共同打造长三角世界级产业集群。重点是沿G60、G50、G40及高铁线路、城际铁路，打造若干创新轴、先进制造轴、服务辐射轴等，强化上海与长三角地区的产业协同，形成相互配套、相互促进、相互融合的区域分工体系。"①

　　第六，补好郊区产业整体薄弱的短板。郊区是上海提升城市能级和核心竞争力的重要基本空间要素，调整郊区产业势在必行。郊区要立足于长三角一体化发展战略，以集群式发展战略性新兴产业和先进制造业。上海农业产业发展作为上海乡村振兴的关键，产业兴旺与否对生态宜居、乡风文明、治理有效和生活富裕发挥着至关重要的作用。目前郊区产业融合能力低，农民增收遭遇瓶颈。2016年市级项目管理权限下放到各区之后，项目扶持重点未能聚焦在原已形成的特色产业上，而分散于茶叶、芝麻、荷花、灵芝等非优势产业，项目规模偏小，过度分散而总数偏多，这一现象至今没有改观，导致资金投入"撒胡椒面"现象严重，不利于产业集群发展。要加快推动农业产业发展，为上海乡村振兴注入新动力，为城乡融合发展构筑新引擎。

---

　　① 《"十四五"上海经济社会发展打造"五大新支柱"的七大发力点》，载澎湃新闻 https：//www.thepaper.cn/newsDetail_forward_8563484，2020 年 8 月 3 日。

### （四）城市公共卫生制度体系的进一步创新突破

城市公共卫生是关系到城市生命健康安全的超大城市重中之重，是"人民城市"的重要体现，是上海制度创新面临的一个重要主攻点。其面临的主要任务，是按照国际一流水准，对公共应急体系进行整体性重塑，建设全球一流的城市公共卫生应急管理体系。对于上海这样的超大城市来说，公共应急能力是城市运行的底线，是贯彻落实好习近平总书记"底线思维"的城市基本建设。

上海重大公共安全防控体系和公共卫生应急管理体系，是新中国成立后建立起来的，经历了各个历史阶段特别是 2003 年"非典"后，进一步得到完善。但在应急性、灵敏度、功能性、高效性等方面，还存在一些障碍。重大疫情预警机制尚不完善；存在重治疗、轻预防的倾向；医疗机构处置重大疫情能力不足、医疗物资储备不足；疾控机构机制不活、动力不足；医疗机构和疾病预防控制机构紧密结合、有效衔接的工作机制尚待建立；公共卫生应急科研攻关能力有待提升；等等。

2020 年 4 月 9 日，上海印发《关于完善重大疫情防控体制机制健全公共卫生应急管理体系的若干意见》（以下简称"《若干意见》"），提出到 2025 年重大疫情和突发公共卫生事件应对能力达到国际一流水准，建成全球公共卫生最安全城市之一。2020 年 7 月 17 日，成都市委、市政府发布《关于完善重大疫情防控体制机制健全公共卫生应急管理体系的实施意见》，针对存在的短板，提出打造"国家公共卫生安全标杆城市"的建设目标。这是我国经历疫情

"大考"后，地方治理中最早推出的一批城市改革方案，也反映出城市公共应急建设中的诸多共同点。

从大的方面看，支撑上海发展的要素条件正发生深刻变化，深层次矛盾凸显。上海进入了结构调整阵痛期、增长速度换挡期，到了爬坡过坎的紧要关口。上海公共安全和城市公共卫生体系变革和提升，不是一个"点"或若干"细节"上的改进，而应当是整体性的制度优化和升级，是对城市应急制度体系全面的重塑，应把它作为全面深化改革的"重中之重"来谋篇布局，以人民生命安全和生命健康，为实现中华民族伟大复兴这一历史目标奠定坚实的基础。

第一，对城市医疗应急资源的总量进行扩增。国际性的超大城市的快速应急、强大的生产能力和强大的储备能力非常重要。无论是突发公共事件，还是发生战争，医疗物资的储备能力、生产能力都是至关重要的。上海医疗资源总量的结构性矛盾非常突出。要通过制度创新，扩增储备物资总量。至于公共应急物资储备的类型、方式，是传统仓库式的，还是分散在不同的点上，也应进行体制上的探索革新。

第二，城市未来产业结构须立足大应急管理。城市公共预警中的大数据、人工智能技术、对特定场景追踪、分析以及对病理传播链的分析能力等，事实上已构成下一步发展的重点。重点要依托"一网通办""一网统管"推进公共卫生领域健康大数据应用，发展互联网医疗，积极支撑慢病门诊服务、网络咨询、科普教育和跨区域远程诊疗合作。适应城市公共应急需求的仪器、设施、设备特别是人工智能需加快提升。

第三，提升总体科技攻关能力建设。上海作为中国一线超大城市，必须具备强大的医疗卫生和与市民健康相关的科技攻关能力。例如，强化重大和新发突发传染病的科技协同攻关；推动国家级重大创新平台建设；启动生物安全重大科技计划；加快公共卫生领域临床应用和科技成果转化；等等。

第四，抓紧落实《若干意见》中补短板任务。上海《关于完善重大疫情防控体制机制健全公共卫生应急管理体系的若干意见》提出推进"五大体系"建设①，围绕提高公共卫生应急体系运行效率，完善五个机制②。要按照国际大都市和全球城市的要求，进行

① （1）建设集中统一、智慧高效的公共卫生应急指挥体系，重点是完善应急指挥体制，健全应急预案，构建统一领导、权责匹配、权威高效的公共卫生大应急管理格局。（2）建设协同综合、灵敏可靠的公共卫生监测预警体系，重点是以新发突发传染病、不明原因疾病为重点，完善监测哨点布局，构建区域协同、联防联控的风险预警系统。（3）建设国内领先、国际先进的现代化疾病预防控制体系，重点是提升疾病预防控制机构现场调查处置能力、信息分析能力、检验检测能力和科学研究能力。（4）建设定位明确、平战结合的应急医疗救治体系，重点是形成由市级定点医院和医疗机构、区级医院和区域性医疗中心、社区卫生服务中心等构成的应急医疗救治体系，加强医防融合、中西医结合和应急医疗救治能力储备。（5）建设党委领导、政府负责、多方参与的公共卫生社会治理体系，重点是坚持依法防控、联防联控、群防群控，压实属地责任，完善社区治理。

② 一是平战结合机制，重点是构建应急培训、应急演练、应急征用以及应急状态下基本医疗卫生服务保障机制。二是快速响应机制，重点是建立智慧化公共卫生安全预警多点触发机制，加强临床医师传染病等相关知识培训，利用大数据提升传染病早期筛查和临床预判能力。三是联防联控机制，重点是把公共卫生应急管理融入城市运行"一网统管"，加强基层疫情防控能力建设，强化与长三角和省际防控合作，加强国际合作交流。四是群防群控机制，重点是加强社会面协同联动，发挥各类组织在突发公共卫生事件中的作用，加强健康知识科学普及，倡导健康文明生活方式。五是精准防控机制，重点是加强分区域、分等级公共卫生安全风险评估，强化智能监测，明确防控重点，实施差异化防控策略，确保防控工作精准高效。

综合性资源配置和布局，同时通过良好公共卫生应急体系的建设，反馈和提升市民福利。

### （五）推进营商环境制度性优化的创新突破

营商环境是一个城市、一个国家重要的发展基础。尤其是像上海这样的超大城市，其面临的国际性竞争很大程度上是营商环境的制度性竞争。国际上最有影响力的营商环境评价体系是世界银行发布的《营商环境评价报告》（Doing Business）。[①]在最新一期世界银行营商环境报告中，中国营商环境排名提升了 32 位，跃至全球第 46 位。近几年我国越来越关注营商环境评估，2018 年国家发改委牵头，按照国际可比、对标世行、中国特色原则，构建了中国营商环境评价指标体系，成为我国第一个政府层面推行的营商环境评价指标体系，已在 22 个城市开展了"试评价"。经国务院同意，《中国营商环境评价实施方案（试行）》印发实施，2019 年在全国 40 个城市开展营商环境评价。

上海作为被测评，权重占 55％的城市，近几年营商环境便利化建设进步明显，但与上海的国际地位和影响力相比总体上仍存在较大差距。上海在纳税和办理施工许可，法律保障力度，保证政策持

---

[①]　其他营商环境评价报告还有：经济学人智库《营商环境排行榜》（BER）、福布斯《Best Countries for Business》、粤港澳大湾区研究院《世界城市营商环境报告》、上海市人民政府发展研究中心和上海发展战略研究所的《全球城市营商环境评估研究》等。

续有效性的长效机制等方面，都存在进一步提升空间。民营经济生长环境不优，上海民营经济占比 10 年来始终徘徊在 25％左右。2019 年中国民营企业 500 强，上海仅 15 家，低于北京的 17 家、深圳的 28 家、杭州的 36 家。近几年来虽涌现了拼多多、B 站等一批新经济头部企业，但相较于北广深杭等城市，在数量、体量上仍有不小差距。

据上海市政协的一项调研，上海企业家对营商环境问题的评价集中在：（1）政策知晓度、精准性、衔接性不够，影响政策的落地和见效；（2）政府部门工作人员服务意识不够强，依法行政水平需要提高；（3）企业经营成本居高不下，企业负担重；（4）人才政策门槛较高，城市人才竞争力不强。企业家们普遍认为与香港、深圳等地相比、与国际一流标准和最好水平相比，上海的营商环境存在较大差距，对上海如何改善营商环境存在较高期待。

完善上海营商环境，核心还在于推进放管服改革，推进政府职能的转变。政府管事太多、干预微观经济，凡事审批的意识得不到真正的改变，营商环境就只会有"技术上"的修补改进，而不会有真正管理制度的全局性的"颠覆性创新"。近几年上海持续改善营商环境，取得不少成果，但总体上与作为中国改革开放前沿的国际大都市，营商环境仍要下气力进行整治。比较突出的问题是：

第一，发挥市场主体作用不充分，影响经济增长内生动力培育和整个区域经济发展水平。部分公职人员不敢为、不想为、不作为，民营企业的制度性成本仍然较高、不公平待遇等共性问题依然存在。上海人才引进落户的门槛较高，使得民营企业、中小型科创企业很难招到高端人才，更难留住人才。民营企业的营商环境亟待改善。

第二，经济下行压力下企业商务成本不断增大。一方面税费征收仍然较高，部门之间各自为政，基层办事部门执法随意，用权任性，导致中央很多减免税费征收政策落实不够彻底。另一方面企业用工成本仍然较高，在经济下行压力条件下，企业效益不好，因社保缴费比例固定且过高，导致人才及用工方面问题层出不穷。

第三，行政能力上政府强于"管制"而弱于"服务"。从管理型政府向服务型政府的转型中，一些政府部门只重管理而不重服务，公共服务职能方面转型慢，服务能力弱。企业家反映，静安区沿街门面要一样装潢，"这是装样子，不是搞商业"；再如南京东路有骑楼店铺在节日里包个柱子装点节日气氛，也要经过审批。一些政府部门还存在乱收费等现象，政府服务能力亟待提升。①

第四，社会运行的制度成本攀高不下。一方面产权保护力度有待加强，多数企业认为司法公正效率并未得到提高，产权保护实施力度仍然欠缺；另一方面，行政审批流程透明度不高，部门之间衔接不畅。据统计，关于"事前"，尚有 45.3％的企业在办理行政审批事项前，对于办理流程不甚了解。关于"事中"，有些单位不认

① 最近一项问卷调查结果显示，与北京、深圳等城市相比，企业家们认为上海扶持企业发展方面相关政策缺乏竞争力的企业家有 38.7％；认为上海缺乏吸引全球创新性人才、顶尖人才的区别性政策，企业人才环境有待改善的企业家有37.6％；认为政府部门为投资人和企业解决困难和问题工作力度不够的企业家有34.9％；认为政府部门制定和执行涉及企业切身利益的政策时，缺乏有效的政企沟通机制和反馈机制的企业家有 33.7％。

可工商登记的事项，企业"准入不准营"问题突出。行政审批事项下放后，职能部门的法律法规没有及时修订，基层政府出现推诿、不作为等行为。同时多头监管、重复检查现象突出，多数企业认为政府各项检查较不合理。

要全面对接国际高标准市场规则体系，打造稳定、公平、透明、可预期的市场环境。2020年4月10日，上海市第十五届人大第二十次会议通过《上海市优化营商环境条例》，使上海推进营商环境建设有了法治依据。上海进一步加强营商环境建设，要以国际一流营商环境为目标，营造法治化、国际化、便利化营商环境，坚持对标世行标准，深化"放管服"改革，加大减税降费力度，完善"一网通办"的政务服务环境，坚持以市场主体感受度为评价标准。最为重要的是，要科学界定政府职能，政府要把主要精力放到提供公共服务上来，促进政事分化，政企分开，执法机构要公示和公开执法的程序，做开诚布公、诚实透明的政府。要强化追责和问责机制，实施政务公开，凡是不涉及国家秘密、商业秘密和个人隐私的政府信息都要主动、及时向社会公开，提高权力运行的透明度。

### （六）超大城市社会治理制度的创新突破

近几年上海持续推进市委一号课题的贯彻落实，从2014年"创新社会治理，加强基层建设"到2015年"科创中心建设"，再到2016年的"补短板"和2017年底以来持续推进的大调研，形成了直面城市社会现实问题，从根本入手推进治理体制机制的创新模式。随着我国进入新时代，城市治理面临许多新的形势。经济发展带来的社会地位与阶层结构固化，不同利益群体在形成同时，需求日益多样化。社会快速流动、利益格局及资源配置方式的深刻调整导致社会多主体间关系的高度复杂化，并带来新的社会矛盾与冲突。

与此同时，现代信息技术及互联网科技、大数据、现代金融等技术的快速升级换代发展，不断改变着社会的认知、认同及群体、组织、空间等有形的边界日益模糊，社会生活、秩序主导权力来源和机制将持续发生改变。这些都对城市社会发展模式、治理模式提出了新的要求。上海"十四五"时期要在推进国家重大战略实施、全面深化改革、激发内需、改善民生、全面开放等领域继续发挥领头和示范作用。尤其要通过制度创新，在超大城市社会治理上形成新成果，领跑我国改革开放新征程。

第一，夯实社会民生基础，进一步改善民生。立足我国社会主要矛盾的历史性变化和满足人们对于"美好生活"的追求，进一步提高城乡居民可支配收入，大力改善民生，实现全市基本公共服务均等化，增强城市居民的"幸福感"。20 世纪 90 年代以来，上海经济社会快速发展，连续保持 16 年的两位数增长，平均 GDP 增长12.7%，增速超过全国（10.7%）2 个百分点，快速的经济增长使得上海经济实力迅速增强，并由此为社会发展提供了坚实的物质基础。上海在教育、住房、就业、医疗、社保等方面积极改善民生福利，广大市民的生活质量不断提高，但仍存在不平衡不充分的问题。例如老旧小区综合改造，已成为提高城市居民生活品质、挖掘消费服务潜力、拓展投资新领域的重要任务。

当前，上海正在从规模扩张向存量优化的内涵式发展转型，在社会发展领域尤如此。要加快完善就业服务体系、教育服务体系、养老服务体系、住房保障体系，以及卫生、文化等公共服务体系。要进一步完善公共财政制度建设，在推进基本公共服务均等化的同时，逐步优化和完善社会保障制度。同时，尤其是要注意形成应对突发性经济社会公共事件的应急民生与保障，确保在发生重大风险时能够及时反应，确保社会长治久安。要建立确保社会成员付出与回报的良性机制，并由此建构良性的阶层间、群体间关系。要为社会不同阶层之间的沟通关系、和谐关系的建立创造良好的氛围与环境，就要推动收入分配秩序，打击各种非法牟利行为，平衡各行业的收入差距，尤其是协调好劳动收益与资本收益的关系，建立职工正常的工资增长制度，进一步缩小收入分配差距，维护社会公平正义，让全体人民共享改革发展的成果。

第二，消除社会隐患，控制城市矛盾与风险。上海是拥有2 400多万常住人口、500多万流动人口的超大城市，已逐步构建起的全天候公共安全体系，使上海成为全球最为安全的超大城市之一。但伴随着社会经济和信息化快速发展，上海正步入风险凸显期和多发期，城市运行面临诸多方面的严峻挑战。基于经验主义思维的传统应急管理模式，已难以满足超大城市的实际治理需要。

要全面诊断社会发展中诸多不确定因素和经济社会发展中各种社会风险，借助大数据平台建立健全统一高效的社会风险预警系统，建立风险协同管理机制，加强政府部门与相关企业之间的数据共享工作，把传统自上而下行政化预警模式与以大数据为平台的"互联网＋"社会预警模式有机结合，形成"双向治理格局"。加快完善社会风险应急处置机制，制度创新尤为关键：

一是要尽快研究出台城市应急管理和风险防控相关行业定额、标准规范、技术规程，推进各类预案标准化建设。二是要以协同治理理念搭建多元主体共同参与平台，培育更多多应急管理社会组织，发挥它们作为城市运行风险的发现者、风险管理服务的提供者和应急事故事件的处置者的角色。三是发展"应急产业"，重点培育监测预警类、预防防护类、处置救援类和应急服务类产品和服务。四是加快专业决策咨询智库建设，为本市应急管理和风险防控提供决策咨询服务。五是要进一步完善应急联动机制。深化公共安全监管体制改革，健全完善"政府协调＋专业监管＋基层执法"监管体制，提高安全监管的权威性、专业性和科学性。

第三，大力发展社会组织，激发社会活力。探索"大社会"治理体制改革，大力发展社会组织，完善社会治理配套制度体系。积极培育和发展社会组织，推动社会组织登记准入制度创新，立足社区孵化和推动社会组织发展，引导居民参与社区事务，强化居民的社会网络关系培育。要完善政府购买社会组织服务机制，形成"政社分开、权责明确、依法自治"的现代社会组织体制。中国社会科学院大学和社会科学文献出版社共同出版的《中国社会组织报告》（2019）显示：2018年后我国社会组织增速下滑并出现阶段性变化。据民政部发布的社会组织数量信息，截至2018年底全国共有社会组织81.6万个（与2017年76.2万个相比总量增长5.4万个，增速

7.1％，增速下降约 1.3％）。2017 年底，上海社会组织数量已突破 1 万家，每万户籍人口拥有的社会组织数量远远超过全国平均数，但与发达国家每万人拥有社会组织的数量一般超过 50 个的水平相比，仍存在较大的差距。对社会组织引导和管理构成新挑战。

一方面是社会组织数量增长的下降，另一方面是政府部门对于社会组织的严管，如何处理好超大城市社会组织发展与监管的关系，是城市治理的重要议题。

从上海建设卓越的全球城市的进程看，上海社会组织在今后应有较大的发展，才能适应上海作为国际大都市的发展要求，并由此进一步推动经济社会治理多样化。行政力量覆盖一切已不可持续。一个"弱社会城市"不合乎 2035"卓越的全球城市"的目标取向。

但是，同时也要求制度创新的加快。要根据中办、国办《关于改革社会组织管理制度促进社会组织健康有序发展的意见》的要求，一是减少审批，更多实施"登记"制度。在行业协会商会类、科技类、公益慈善类、城乡社区服务类等实行"直接登记"基础上，进一步扩大范围，减少对社会组织参与的制度性约束；二是对社会组织参与治理推行"负面清单制度"，不能做的事情，通过制度化"负面清单"晓示，其他撤除门槛；三是保护社会组织权益的合法性、正当性和获取社会资源的独立空间，从外部资源给予支持；四是健全支撑社会组织改革的法律法规，重点要建立政府购买社会组织服务的政策体系，编制公布承接政府购买服务新的社会组织推荐目录，加强对购买社会组织服务的定价指导，完善对政府购买社会组织服务评价机构的管理；五是要形成推进传统行政管理模式与功能多元化社会组织体制的创新。

第四，强化公民教育，促进"社会融合"与城市认同。中国城市实现外来人口深度社会融合是个深度性的议题。外来人口主要指由我国城乡二元分割的户口管理制度，在城市工作、居住但没有获得当地城市户籍，因而不能在城市定居的异地迁徙农业转移人口（俗称"农民工"）。外来人口的主体来自异地乡村，他们在乡村—城市之间流动（"流动人口"）。由于绝大多数外来人口属于异地迁徙的农业转移人口，没有当地城市居民身份，存在比较突出的社会融合问题。为促进外来人口的社会融合，我国提出农业转移人口市民化的发展目标，强调外来人口社会保障权益，要求 2020 年前促进 1 亿进城农业转移人口实现在迁入地的户籍转化。但事实上，外来人口真正融入城市社会受到多方面制约，涉及制度接纳、市场接纳、结构融合、文化适应、身份认同和居住混合等。

更好地促进"城市融合"与城市认同，要更多地吸纳民智，营造开放宽和的社会心理场。探索多元共治体系建设，强化社区自治管理，推进公共服务提供方式的社会化，形成多层次、多元化的公共服务体系。

# 第五章  上海发挥超大城市区域化
# 毗邻大党建的引领作用


上海作为一座超大城市，在改革开放和现代化建设的过程中，起着不可替代的引领作用。随着改革开放不断深入发展，上海市积极主动地应对现代化发展所带来的新问题、新要求，始终坚持问题导向，始终坚持改革创新，在基层党建和社会经济发展之间，探索出一系列更加符合时代要求的综合发展模式。这种探索经历了由传统单位党建向社区党建，到楼宇党建，再到区域化毗邻大党建的发展过程。这种探索不仅是新时代基层党组织建设新发展的必然要求，而且是社会经济文化一体化发展格局的必然要求，更是推进和完善国家治理体系，提高国家治理能力的必然要求。目前上海的城市基层党建格局，已经体现了大党建所内在要求的组织互联、资源互通、功能互补等诸多新特点，在党的建设和经济社会文化协同发展领域，积累了诸多可供借鉴的发展经验。

# 一、从"楼宇党建"到区域化毗邻大党建的上海做法

　　一幢幢的商务楼宇是高新企业和高层次人才的聚集地，同时也是诸多新经济组织和新社会组织的聚集地，是上海经济发展的主要载体。创造性地开展楼宇党建是推进城市基层党建的重要内容。楼宇党建就是指以一幢幢楼宇为主要载体，以楼宇中的经济组织、社会组织及其相应的工作者为对象开展的党建工作。区域化毗邻大党建，是指在经济社会改革进一步深化、不断推进一体化发展新格局的背景下，按照一体化区域统筹发展的新理念，以现代管理科学和信息化网络技术手段为依托，推动相毗邻的不同地区，在适当情况下，进行党组织建设融合发展，统一管理党员队伍，促进区域内党组织互联互通、协同发展，实现不同党组织优势互补，并且以统筹推进区域性政治经济文化社会生态一体化发展为落脚点的网格化党建体系。区域化毗邻大党建，是单位党建、社区党建和楼宇党建的融合与深化，更加有利于党建工作在社会一体化发展中的引领作用，是上海作为超大型现代化城市，为探索基层党组织建设、推进国家治理体系和治理能力现代化的重大贡献。

## （一）可供推广的上海基层党建经验

　　上海作为超大城市，其发展除了现代化城市发展所遇到的一般难题外，还具有特大城市发展所面临的特殊问题。但是毫无疑问，

上海对解决这些问题所做的探索及其成功经验，对其他城市进行现代化建设，具有重要的引领和示范作用。中国特色社会主义道路，是中国实现中华民族伟大复兴和社会主义现代化建设的唯一正确道路，而党的建设是这一道路取得成功的根本保证。因此，中国的现代化发展，包括任何类型城市的现代化发展，都必须注重持续推进党的建设新的伟大工程。推进基层党组织建设是党的建设的重要一环，也是与人民群众联系最为密切的党组织建设。打通党组织建设的"最后一公里"，充分发挥基层党组织在城乡社区中的先锋模范作用，同样也是我国推进和完善国家治理体系和提高国家治理能力的重要内容。

第一，楼宇党建坚持由点到面、循序渐进的原则，充分挖掘基层党建的丰富内涵，确保楼宇党建立体化、精细化发展。

上海市的楼宇党建经历了一个由点到线，再到面的发展过程。上海市提出楼宇党建的措施，是上海市根据自身实际情况、实际需求所采取的创造性举措。因此，从点到线再到面的发展过程，是基层党建不断丰富其内容的过程，在此过程中，立体化、精细化的原则得到了切实有效地落实。楼宇党建，起初只是一个又一个的楼宇党支部，这些彼此缺乏联系的党支部，同时缺乏常规化的沟通交流，也就谈不上彼此互联互通、协同发展。楼宇党建模式的不断创新，除了不断的变革理念之外，更主要地在于城市现代化发展的必然要求。以长宁区为例。至2020年，长宁区的楼宇党建已经提升到3.0版本。对楼宇党建模式进行升级的必要性，来自上海市最新推出的上海营商环境3.0版改革方案。这就说明，长宁区楼宇党建的发展模式，随着上海市营商环境改革不断深化而提升。上海市这款 3.0 版的改革方案主要围绕"1＋2＋X"而展开，其中"1"是指"一网通办"，以聚焦高效办成一件事为目标；"2"是指提高上海在世行和国家 2 个营商环境评价中的表现；"X"是指围绕加强、保护和激发市场主体活力提供的一揽子制度供给。①如果说，这款改革方案紧紧围绕优化上海市的营商环境，那么，长宁区楼宇党建的 3.0 版本，同样是紧紧围绕优化长宁区的营商环境，或者说是聚焦优化打造长宁区楼宇营商软环境，不断提升和丰富党建引领楼宇治理体系的创新实践。

从单个的楼宇，到长宁区，乃至上海市营商环境的提高，涉及不同领域、不同部门、不同企业、不同党组织之间的相互协作，必然涉及党组织建设的纵向发展和横向发展相结合的立体化发展模式。这种发展模式以完成具体的事情为目标，要求彼此结合的精细化和有效性。因此，可以看出，楼宇党建发展模式的不断创新，要紧紧围绕本地区发展的实际情况，循序渐进地深化楼宇党建的发展内涵。发展情况相似或相同的多个不同地区之间的基层党组织建设，也应当主动加强联系，相互促进，彼此共同发展。

第二，楼宇党建坚持因地制宜的原则，充分将基层党建与地区发展特色相结合，确保基层党建成为地区发展的红色引擎。

楼宇党建虽然发起于上海，但是，上海的不同地区，在经济文

---

① 叶薇：《以高效办成"一件事"为目标——细解优化营商环境"1＋2＋X"方程式》，《新民晚报》2020 年 1 月 3 日。

化生态等方面具有不同程度的差异，基层党建的发展需求也并不始终保持一致。因此，上海各地区，乃至各街道，都力图因地制宜地创造性地发展出符合自身实际状况的楼宇党建模式，为本地区、本街道的基层党组织建设开拓新方式。徐汇区漕河泾街道近几年来不断围绕"1234"构建商务楼宇新格局。所谓的"1234"指的就是，漕河泾街道：聚焦"一项建设"，即建设一批"两新"组织党建示范楼宇，促进以点带面提升辖区内"两新"组织党建工作质量和水平；打造"两个平台"，即线上平台——探索企业与企业党组织、企业党组织与区域党组织和上级党组织党建数据互联互通、资源共享，搭建区域化党建"云平台"，"线下平台"——建立"万享·PLUS"党群服务站，作为楼宇白领及党员们的活动阵地；推进"三类服务"，即党员志愿服务、"午间一小时"活动、楼宇资源间的整合共享服务；建立"四种机制"，即建立万科中心楼宇活动型联合党委（万科中心楼宇是漕河泾街道建新高地）、建立党建联建机制、建立党员志愿服务长效机制、建立楼宇基层管理机制。①从徐汇区漕河泾街道的楼宇党建经验来看，不拘泥于其他区域、其他街道的党建经验，是漕河泾街道深化楼宇党建工作、推进党建与社区经济深度融合发展的典型特征。

随着楼宇党建实践的不断推进，2019 年上海市首家楼宇党建孵化中心成立，闵行区楼宇党建孵化中心设立于虹桥镇新意城楼宇

---

① 《徐汇区漕河泾街道：围绕"1234"构建商务楼宇党建新格局》，载上海基层党建网 https：//www.shjcdj.cn/djWeb/djweb/web/djweb/index/index! info.action? articleid＝ff8080817416cfde01742b25602a00ed，2020 年 8 月 27 日。

党群服务阵地，其目的就是借助虹桥样本，为每一栋来孵化的楼宇量身定制党建工作的发展规划，实现整体提升。虹桥镇现有规模以上楼宇 59 栋、亿元楼 9 栋，汇聚了近 7 000 家实体及注册企业，入驻企业员工超 10 万人。近几年来，通过多年实践，已经初步实现楼宇党建从"1.0 版"到"3.0 版"，从组织建起来到功能强起来的不断升级，清晰地呈现出责任网格化、运行机制化、内容项目化、团队一体化的特点，各要素得到整体升级，形成了楼宇党建的"虹桥样本"。孵化不是照搬，而是"量身定制"，为每一幢楼宇制定适合自身的党建高质量发展规划，从组织、队伍、资源、机制、品牌五个方面衡量每一栋楼宇的特色，坚持因地制宜原则，让更多楼宇通过党建迈出高质量发展的步伐。①

在上海各区域的楼宇党建实践中，还有许多体现因地制宜原则的方面。比如浦东新区探索启动商务楼宇楼长制，探索楼宇楼事会和楼宇党群联盟的商务楼宇治理方式。这就为浦东新区全面深化楼宇党群服务机制，探索党建引领下的商务楼宇治理方式提供了新思路。静安区作为上海中心城区，也在不断探索符合自身特点的楼宇党建新模式。静安区建立的"白领驿家"社会化服务平台、"凯迪克大厦"一站式楼宇立体服务站，以及创新楼宇联合党委和楼宇党建联席会议设置等措施，推动了楼宇党建方式方法的创新和完善。除上面提到的长宁区、浦东新区、静安区外，普陀区、徐汇区、闵

---

① 《量身定制党建工作发展规划，实现整体提升 全市首家楼宇党建孵化中心成立》，《闵行报》2019 年 5 月 31 日。

行区等区也都根据自身的特点，发展出了凸显本地特色的楼宇党建新模式。比如，闵行区虹梅街道的"1＋X"党建组织体系。其中，"1"指的是"虹梅街道党工委"，X指的是根据不同行业、单位特点，分层分类推出企业社会责任联盟、国字号企业党建沙龙等，着力构建党建引领社会治理的共同体，引领区域发展和社区治理再上新台阶。①徐汇区将商务楼宇作为新时代城市基层党建的创新性工作领域、战略性拓展空间，以500米党建服务圈为抓手促进楼宇党建的系统谋划、整体提升，以新手段、新模式不断激发楼宇党建新动能、激活改革发展新动力，努力落实习近平总书记在上海考察时指出的"要做到党员工作生活在哪里、党组织就覆盖到哪里"重要指示精神。徐汇区把楼宇党建定位为资源导入型党建，依托500米党建服务网络体系，把各类优质服务资源的"水龙头"接入到楼宇，让资源集聚在楼宇、阵地巩固在楼宇。通过500米党建服务圈建设，打破行业区隔和行政壁垒，引导行政、群团、社会等各类资源率先支持楼宇党建。牢固树立集约思维，通过项目化集成、人性化管理等方式，有效发挥楼宇党建服务站点的学习阵地、活动场地、服务载体等集约式平台作用。连点成线，面向楼宇周边500米服务圈形成辐射效应。衡复风貌区党建聚焦淮海路沿线商务楼宇及周边单位，创新整合服务资源，将"环贸IAPM"（环贸广场）、"淮海1298"（永隆大厦）、"淮海大隐"（大隐书局）、"淮海瑞力"

① 《徐汇区虹梅街道：强化楼宇党建　构建园区"生态圈"》，载上海基层党建网 https：//www.shjcdj.cn/djWeb/djweb/web/djweb/home! info.action? articleid＝8aafb7056817f43601687f2a651f02d5，2019年4月25日。

（瑞力大厦）及徐汇艺术馆等站点连点成线，形成"下一站·党建服务站"体系。重点发挥国企的引领带动作用，形成"1＋N＋X"楼宇党建格局，"1"即以大集团党委为龙头党组织，"N"即楼宇范围内分公司党支部及楼宇内的其他各党组织，"X"即楼宇内无党员企业和各类服务资源。楼宇联合党委的委员，分别来自楼宇内不同领域的党组织，共同营造"同一屋檐下，同为一家人"的格局。①

第三，区域化党建是楼宇党建的扩展与深化，正确理解楼宇党建和区域化党建之间的相辅相成的关系，有效推进基层党建工作深入开展。

上海不仅是楼宇党建的引领者，而且是区域化党建的引领者。对上海来说，楼宇党建和区域化党建都不是从外面引进来的东西，因此，这两种深化基层党组织建设的模式，在上海并不会发生冲突。上海在推进区域化党建的过程中，为其他地区推进楼宇党建和区域化党建能够提供的经验，首要的就表现为：开展楼宇党建和区域化党建不能水土不服。所谓水土不服，就是本地区所采取的楼宇党建和区域化党建的方式方法并不符合本地区发展的实际情况，这样不仅不会增强党组织在基层社会治理中所应当起到的引领作用，反而会引起混乱。楼宇党建和区域化毗邻大党建，都是为了深化基层党组织建设、打通社会治理的"最后一公里"。区域化党建，毋宁说是楼宇党建、社区党建、单位党建等基层党组织的结合体，或

---

① 《徐汇区：打造 500 米党建服务圈　激发楼宇党建新动能》，载上海基层党建网 https：//www.shjcdj.cn/djWeb/djweb/web/djweb/index/index！info.action？articleid＝8aafb70569d45c25016a1c438acf026b，2019 年 4 月 15 日。

者说高端版本。所以，开展区域化大党建务必首先开展好党组织基础设施建设。

这里所说的党组织基础设施建设，指的就是社区党建、单位党建、楼宇党建等基层党建方式，是否已经得到一定程度的充分发展。如果我们把区域化党建视作一张网，那么这张网织得好不好，就取决于构成这张网的每一个网格织得好不好。从传统的基层党建方式，到楼宇党建，到区域化党建，上海的不同区域都先后经历了几乎同样的发展阶段。因此，上海进行区域化党建的先进经验，基本上可以在上海不同地区同步实行。但是，上海之外的其他地方，则需要根据自己的实际情况，在上海先进的区域化党建经验的引领下，快速有效地推进本地区的基层党组织建设。

第四，区域化党建坚持深化网格党建、织密党建网络，确保实现党的宗旨和作用的有效全覆盖。

在深化基层党组织建设的同时，要加强党的领导对地方经济社会发展的有效推动作用，确保实现党的宗旨和作用覆盖的全面性和有效性。在此方面，上海经验首先表现为推动网格间互联互动，推动不同党组织在不同网格间的交流协同。上海不仅在不同街道之间、不同市区之间，甚至也在逐渐加强和相毗邻地区之间的紧密互联互通。例如，杨浦区五角场街道的"睦邻门"，从原来隔断新旧两个小区的 3 米高墙，打通为方便群众的"睦邻门"；宝山区淞南张行和杨浦区新江湾地块本就相邻，但中间被一条铁路隔开，短短的 400 米距离，绕道需要 20 多分钟，但两区借力市区协同、加强区区联动，先后 9 次开会协调，通过"无路找路""改道借路""架桥建路", 终于建成国帆路跨铁路人行通道;①金山区与浙江嘉兴市毗邻, 但是部分相邻的村庄却长期被路桩隔断, 经过地区之间的沟通, "堵心桩""断头路"变成了"连心桥"。②除此之外, 上海还不断探索将区域网格提升为功能网格。

其次, 深化楼宇党建, 实施好"双培"工程。进行基层党组织建设, 离不开充满活力的党建人员。上海, 在面对"两新"组织里的人愿不愿意入党、年轻人愿不愿意入党的时代课题时, 一方面坚持党建就是凝聚力, 通过"党建＋服务", 把楼宇年轻人吸引起来、凝聚起来, 把骨干培养成党员, 把党员培养成骨干; 另一方面彰显党建就是生产力、竞争力, 围绕优化营商环境, 探索建立"楼长制""楼委会"等模式, 建立常态化联系服务企业机制, 推进党务政务社务"一楼通办", 让楼宇党建成为招商安商稳商、深化楼宇治理的金字招牌。

最后, 不断探索互联网党建, 把最大变量变为最大增量。互联网是党组织建设的重要内容。上海是互联网企业的重镇, 并始终坚持以习近平总书记所说的"过不了互联网这一关, 就过不了长期执政这一关"为指导, 不断推进基层党建工作主动与互联网相融合。在此问题上, 上海经验主要包括两个方面: 一是"充分激发互联网企业党建组织的内生动力, 推动党员高管担任企业党组织书记, 对

---

① 《上海广大党员干部努力学思践悟、奋力破解难题: 从成功案例中提炼"制度要素"》, 《新民晚报》2020年1月10日。

② 《上海金山: 拔掉"堵心桩"架起"连心桥"》, 《光明日报》2020年1月3日。

涉及意识形态领域的企业，选优配强党建指导员，既加强党建工作指导，又强化政治把关"。①截至 2021 年 3 月，我国网民规模已突破9 亿人，互联网普及率达 64.5％。上海的互联网普及率远高于全国平均水平。作为网络空间基础性的构建者和参与者，互联网企业在互联网发展中举足轻重。网络发展到哪里，党的工作就要覆盖到哪里。上海的互联网企业所发挥的作用、造成的影响更为巨大。加强互联网企业党建工作，不仅直接关系其自身健康发展，也牵动着经济社会改革发展全局。只有充分发挥互联网企业党组织"关键内核"作用，才能使互联网企业始终与党同向同行，确保互联网企业始终坚持正确的政治方向、舆论导向和价值取向。提高互联网企业对党建重要性的认识，在企业进行网络工作时主动强化党建意识，具有高度的意识形态敏锐性。二是"聚焦'龙头'企业，发挥互联网平台倍增效应，主动面向全国、面向行业、面向受众，把党的号召力和凝聚力扩大到更多群体"。②大力支持核心企业尤其是具有带动能力的互联网龙头企业搭建一体化党建协同平台，鼓励其带动相关上下游互联网企业加快网络党建，推动传统企业加快党建工作；积极培育党建龙头企业，突破传统物理边界限制，线上与线下交互连接，发挥互联网平台倍增效应，让智慧党建为企业发展"网"出新动能。透过互联网龙头企业的党建，始终让"党旗飘在一线、堡垒筑在一线、党员冲在一线"，将党建引领扩大到更多群体，切实

---

①② 于绍良：《探索超大城市基层党建新路径》，《中国组织人事报》2020年 8 月 19 日。

有效地增强党组织的凝聚力和向心力，提升企业员工的使命感、归属感和幸福感，加强对网民的政治引领、舆论引领、价值引领。

第五，区域化党建要持续强化组织功能、彰显组织力量，在打造好队伍的同时，增强基层党组织的创造力、凝聚力和战斗力。

党的力量来自组织，而组织需要不断充实优秀的党员干部队伍以及各方面的优秀人才。如何强化组织功能、彰显组织力量是党组织建设长期面临的重要课题。上海作为超大城市，主要从三个方面来推进这个课题的解决。

首先，着力把党员管住管好。把党员管好落到实处，就是要把支部建设好。因此要持续推动党支部建设严起来实起来，发挥支部管到人头的特点，落实好"三会一课"、主题党日、组织生活等制度，引导党员用好批评和自我批评锐利武器，让每一个党员在党组织中既感受到温暖，又能够得到党性锻炼。

其次，切实完善基层党组织建设，有效提升服务群众能力。在进行基层党组织建设的过程中，非常重要的就是要切实给基层减负、增能、赋权，让基层群众要办的事、想办的事，在家门口就能办好，让基层群众深切地感受到身边的党组织具有有效的服务群众的能力。这就要求在坚持地区特色的同时，大力推进标准化规范化建设，推动党建功能深度融入服务功能，完善家门口、楼门口服务体系，提升一站式服务党员群众水平。2018年11月，上海市委发布《关于以组织体系建设为重点推进新时代基层党建高质量创新发展的意见》，强调组织体系建设在基层党组织建设过程中的重要地位，形成了新时代上海基层党建的"1+6"制度体系。

最后，不断壮大基层队伍，切实提高基层党组织工作对优秀人才的吸引力。把基层队伍作为基层治理的决定性因素，重点聚焦居委会村委会组织带头人。对于这一问题，上海目前正着力推进两个方面的事情：一是做大做厚队伍"底盘"，拓展基层选拔、社会选优、组织选派等选聘渠道，注重从年轻社区工作者中挖掘"好苗子"，开展"定制式"培养，形成源源不断的补充机制。二是畅通职业发展通道，搭好事业发展舞台，进一步深化居民区党组织书记纳入或享受事业编制探索，将公务员定向招录、评选表彰、人才培养等向基层队伍倾斜，把更多热爱基层工作、善做群众工作的优秀人才引进来、留下来、发展好。①

## （二）上海在楼宇党建和区域化毗邻大党建探索中的不足

上海首先开启了商务楼宇党建的探索之路，并早在 2004 年又开始了探索区域化大党建的道路。在过去二十多年的时间里，基层党建的上海经验，既有许多值得推广的优秀经验，也存在着一些亟待完善的不足之处。上海的楼宇党建和区域化大党建，都是针对上海发展的实际问题产生和发展起来的。针对这些问题的解决，上海提出了自己的方案。然而，这些方案不可能全都取得成功。有一些方案被实践证明是行不通的，有一些方案被实践证明是非常有效的

---

① 于绍良：《探索超大城市基层党建新路径》，《中国组织人事报》2020 年 8 月 19 日。

并且是值得推广的，而还有一些方案尚处在持续不断的探索和深化过程中。这里所说的不足之处，主要是上海在楼宇党建和区域化大党建工作中，还需进一步完善的地方。因此，同那些优秀经验一样，这些不足之处也能够对其他城市推进楼宇党建和区域化大党建工作，提供良好的借鉴作用。

第一，楼宇党建落实工作责任制和建设优秀工作者队伍工作还需进一步加强。

推进楼宇党建工作，首先需要明确楼宇党建的工作主体。楼宇党建的工作主体，如同街道社区在城市基层党建工作中处于领导核心地位那样，商务楼宇中的党组织也是楼宇党建工作中的领导核心和工作主体。如何落实楼宇党组织的工作责任，是过去几年中上海进行楼宇党建的一个重要任务。这里存在的问题是，楼宇党建作为基层党组织建设的重要内容，还存在着口头上说重要，但实际落实不到位的问题。这一问题严重影响着楼宇党组织建设的进一步深化。为解决这一问题，上海各地区也在不断地做出探索。浦东新区正在探索推进"楼长"和"楼事会"制度，将楼宇党建的工作任务责任落到具体个人。目前，浦东新区试点的 6 幢商务楼宇都已成立楼事会并推选出楼长。在 21 年前首创"支部建在楼上"的嘉兴大厦内，有入驻企业 93 家，员工 800 余人，党员 70 名。①在落实楼宇党建工作责任制的同时，加快推进基层党组织工作的优秀人才队伍

---

① 《"小"楼长"大"作为！21 年来浦东这项全国首创不断提质升级》，《潇湘晨报》2020 年 6 月 14 日。

建设，也是上海目前正在着力推进的一项重点任务。楼宇党建能否得到有效推进，重点就要看是否有一支致力于基层党组织建设的优秀人才队伍。楼宇党建事关基层社会治理，楼宇党建工作是否做得好，关系到商务楼宇的整体生态能否做得好。徐汇区枫林街道在建设优秀基层工作队伍的过程中，充分发挥社区党组织服务核心引领作用，通过"育苗计划""社工成长计划"等方式，着力打造一支具有向心力、创造力、亲和力的"三力队伍"。这种做法，为楼宇党建工作培训优秀党建人才队伍，提供了新思路。①

第二，楼宇党建信息化工作建设还需要不断探索深化。

中国城市的基层党建工作身处"互联网＋"的时代背景下不可能脱离互联网而取得很高的成就。习近平总书记在 2016 年网络安全和信息化工作座谈会上指出："我国经济发展进入新常态，新常态要有新动力，互联网在这方面可以大有作为。"②互联网对于楼宇党建同样大有可为。楼宇党建工作信息化比较简单，但是将二者有效地融合在一起，却非常困难。如何将楼宇党建工作信息化，虽然是一个技术性的问题，但是这种技术问题背后隐藏的，却是楼宇党建的工作思路问题。工作思路不正确，楼宇党建工作信息化这条路就很难走得通。而且信息技术日新月异，党建工作的信息化，也要时刻保持着与时俱进的心态。微信、微博等网络工具已然兴起的时

---

① 《徐汇区枫林街道：抓实队伍建设　让基层干部百炼成钢》，载上海基层党建网 https：//baijiahao.baidu.com/s？id＝1679019977817648981&wfr＝spider&for＝pc，2020 年 9 月 28 日。

② 习近平：《在网络安全和信息化工作座谈会上的讲话》，《人民日报》2016 年 4 月 26 日。

候，各种短视频直播平台就已经扑面而来。楼宇党建的信息化工作能否跟得上互联网技术的发展，这对党建工作者来说是一个非常艰巨的任务。在此方面，闵行区不仅建立了上海市首家区级楼宇党建孵化中心，而且构建了一个名叫"爱虹桥"的楼宇党建互助平台。虹桥镇党委通过这个信息化助手，打通全镇楼宇党建的阵地、资源、项目，在注重政治引领的同时，真正让两新党组织、党员、白领参与到楼宇党建策划到组织的全过程。这个平台所能够起到的作用，正如该中心工作人员所说的那样："过去一个楼宇党建项目或者资源的采集对接需要工作人员前期投入大量精力，今后通过线上平台，每个驻区单位、党组织可以直接通过'献服务'参与到楼宇资源的'开采'中来，不仅使楼宇党建阵地提供的优质服务能落到实处，更使资源、服务得以联通，形成了人人参与、开放评价的共享生态。"①但是，借助互联网平台推进楼宇党建工作，仍处在不断的探索阶段。要想形成一套非常成熟的"互联网＋楼宇党建"体系，还有一段很长的路要走。

第三，区域化党建深化发展过程中，不同区域、网格间的互联互通有待进一步加强。

2020 年，面对突如其来的新冠肺炎疫情，上海市不断推进的区域化毗邻大党建工作，取得了显著的成绩。但与此同时，也暴露了区域化党建工作存在的许多短板，特别是不同区域间、不同网格间

---

①　《闵行区：楼宇红色"店小二"有了一套支撑系统》，《组织人事报》2019年 9 月 12 日。

的互联互通工作，还有很大的完善空间。当前正处于百年未有之大变革的时期，突如其来的问题应接不暇，许多过去未曾想过的问题，不断地出现在人们的面前。区域化党建，本就是针对城市发展的难题而出现的；区域化党建的经验，就是在不断提醒人们，要抓紧构建毗邻区域、网格间资源互通、信息共享、功能互补、互联互通的体制机制，为应对各种社会突发事件提前做好准备。这也是提升国家治理体系和治理能力，打通社会治理"最后一公里"的强烈要求。徐汇区"康乐工程"的进一步深化，就清楚地体现出区域联动的新思路。徐汇区在原有"康乐工程"的基础上，将加强党的建设转化为治理能级的提升，推动社区、街区、小区"三区"联动，持续提升居民群众满意度。①在长三角一体化发展的背景下，上海市在区域化党建的基础上着力探索具有一体化特征的"毗邻党建"模式。上海市金山区与毗邻的浙江省嘉兴市在坚持党建引领的基础上，不断深化互动交流、开展项目合作、构筑长效机制，推动两地互联互通、合作共赢，努力实现两地融合发展。②尽管上海市的区域化党建，在互联互通工作方面已经取得了一些成效。但这些工作，尚未全面有效地展开。上海市区域化毗邻大党建工作，在不同区域间推进互联互通融合发展，还需要进行不断深入的探索。

第四，整体性思维在推进区域化党建工作中的地位还有待进一步深化。

---

① 《"康乐工程"再出发　社区治理大家谈》，《新民晚报》2020年12月5日。

② 《金山嘉兴"毗邻党建"　推动长三角高质量一体化发展》，《浙江日报》2018年12月28日。

新时代城市发展不断出现的新问题，促使人们不断探索新时代城市社会治理的新模式，以及相应的新型党建模式。楼宇党建和区域化毗邻大党建，就是在这些社会现实问题的现实要求和人们的积极探索下形成的新的基层党建模式。党建的引领作用广泛地影响着基层社会的治理问题。探索不同区域和不同网格间的互联互通，必然要求坚持整体性的思维。以整体性思维探索不同党组织间的融合发展，是不同党组织间功能互补、资源共享的前提条件。虽然目前的区域化党建工作，能够借助"互联网＋"构建各种网上综合服务平台，不断加强不同区域之间的信息互通，但是，在解决单个党组织无法解决的区域性难题时，整体性的体制机制架构就显得十分重要。松江区的叶榭镇、金山区的亭林镇、奉贤区的庄行镇，虽然都具有外来人口多、都是农业大镇等共同特征，这些特征制约着三地的社会治理水平和民生经济的发展速度。但是，这三镇通过"浦南地区毗邻党建"项目的推进，探索出了一条区域协同共治的新路径。该项目通过建立区域化党建联席会议，架构起镇党委、职能部门、村居党组织等多层次、立体化的合作体系，依托"轮值主席"制度，定期召开工作会议，共同谋划合作方向，协商交流问题，推动了浦南三镇向更高质量一体化发展。①然而，松江、金山、奉贤三区的区域化毗邻党建项目的成功经验，也反映出区域化党建的艰难。上海市不同区域之间的联合党建工作已然如此，可见长三角地

---

① 《撑开区域化发展新"扇面"，沪郊浦南地区建立"毗邻党建"新机制》，《文汇报》2019年3月27日。

区的区域化毗邻大党建工作的推进就更加艰辛。而在推进这一工作的过程中，最为关键的就是打破固定化单一化的思维模式，推动互联互通的党组织之间的整体性思维建设。

## 二、上海发挥超大城市区域化毗邻大党建的引领作用的实践路径

党的十八大以来，以习近平同志为核心的党中央高度重视党建对基层社会治理工作的引领功能。2015 年全国"两会"期间，习近平总书记在参加上海代表团审议时强调，把加强基层党的建设、巩固党的执政基础作为贯穿社会治理和基层建设的一条红线。2018 年，习近平总书记在视察陆家嘴金融城党建服务中心，了解城市楼宇党建工作情况时，充分肯定上海从陆家嘴金融城产业集聚、企业汇聚、人才广聚的实际出发，创新党建工作思路和模式，为楼宇内各种所有制企业的基层党组织和党员提供学习指导、管理服务、活动平台的做法，同时也希望上海在加强基层党建工作上继续探索、走在前头。[①]党建工作的难点在基层，亮点也在基层。上海要发挥超大城市区域化毗邻大党建的引领作用，就必须始终立足于基层党组织建设。总的来说，上海要发挥引领作用，就必须注重社区党

---

① 《习近平在上海考察时强调　坚定改革开放再出发信心和决心　加快提升城市能级和核心竞争力》，《人民日报》2018 年 11 月 7 日。

建，发挥党建对群众的影响力；就必须注重企业党建，发挥党建对企业的感染力；就必须注重学校党建，发挥党建对学生的引导力；就必须注重毗邻党建，推进党建工作的无缝隙对接。

## （一）充分发挥在社区党建中的引领作用

党的十八大以来，习近平总书记以远大的战略眼光、卓越的政治智慧、科学的辩证思维，提出了一系列关于城乡社区治理工作的新观点新论断。"社区是基层基础，只有基础坚固，国家大厦才能稳固"；"社区是党和政府联系、服务居民群众的'最后一公里'"；"社会治理的重心必须落到城乡社区"等重要论述，充分反映出社区治理在国家治理中的重要地位。习近平总书记强调："社区工作要时时处处贯彻党的宗旨，让党的旗帜在社区群众心目中高高飘扬，让社区广大党员在服务群众中充分发挥作用、展示良好形象。"①因此，深化社区治理的关键就在于加强社区党建在社区治理中的引领作用，充分发挥党建对群众的影响力。2019 年，中共中央办公厅印发了《关于加强和改进城市基层党的建设工作的意见》，对当前一段时间推进基层党的建设提出了五项具体目标。同年 11月，中共中央政治局召开会议，审议了《中国共产党党和国家机关基层组织工作条例》和《中国共产党国有企业基层组织工作条例

---

① 《习近平在河北唐山市考察：落实责任完善体系整合资源统筹力量　全面提高国家综合防灾减灾救灾能力》，《人民日报》2016 年 7 月 29 日。

（试行）》。发布和审议这些文件，充分证实了近年来党中央对于基层党组织建设的高度重视。因此，上海市作为超大城市推进基层党建的开拓者和引领者，必然要继续深化社区党组织建设，充分发挥党建对群众的影响力。

正如《关于加强和改进城市基层党的建设工作的意见》中所指出的那样，近几年来，虽然各地区各部门都按照党中央要求，扎实推动城市基层党建工作，城市基层党建工作得到了创新发展。但是，就城市基层党建工作的具体实效而言，不同党组织的具体状况存在着很大差异，并且暴露出城市基层党建工作存在的一些主要问题。这些问题主要包括四个方面：其一，城市基层党组织组织能力较弱、政治功能不强，不能有效引领社区治理工作；其二，城市基层党组织建设的理念较为陈旧，不能及时树立基层党建新理念，缺乏整体性思维；其三，在推进城市基层党组织工作的过程中，缺乏系统思维、总体思维、战略眼光，以至不同党组织之间不能有效沟通协作，经常各自为战；其四，在推进城市基层党组织建设的过程中，出现战略错位，继续沿用或者使用不能适应城市发展的体制机制，街道社区统筹协调能力弱，共建共治共享未形成常态。以上四种问题，虽然是各地区各部门推进基层党组织建设存在的普遍性问题，但仍然能够反映出城市基层党组织建设过程中存在的典型问题。以推进完善以上四种主要问题为重点，上海市探索出一系列推进社区党组织建设的优良经验，促使社区党组织有效发挥自身在社区治理中的引领力，极大地增强了党建工作对人民群众的影响力。

第一，上海要充分发挥在社区党建中的引领作用，发挥党建对群众的影响力，就要持续强化城市基层党组织建设，增强党组织的组织能力和政治功能，能够更加有效地引领社区治理工作。

基层党组织建设事关重大，这项突出任务，不仅是一城一地的成败得失，而且事关国家治理体系和治理能力现代化事业的总体布局和整体成效。基层党组织建设得好不好，关键就要看该党组织能否将党中央决策贯彻落到实处，落实到社区的每一个人，关键就要看党组织是否有足够的能力来引领社区的治理工作。在此方面，上海市各区域和各部门始终都在探索符合自己特色，又能有效推进基层党组织建设和引领社区治理的组织建设方式。宝山区就通过多项举措打造了一支党群服务阵地的硬核队伍。党群服务阵地是基层党组织发挥政治功能和组织功能、引领社区治理、增强群众影响力的有效载体和重要平台。宝山区的相关措施是举办党群服务阵地工作人员"综合能力提升轮训班"。该培训班通过融合课堂讲授、研讨交流、体验互动、现场教学"四类教学法"，来打造一支思想过关、政治过硬、有素质、有能力的服务队伍。[1]崇明区通过不断强化落实党支部工作联系点制度，来推动基层党支部全面进步，提高基层党组织的综合素质和综合能力。崇明区用来强化落实党支部工作联系点制度的途径，是通过"三个聚焦"，即聚焦建强支部、聚焦补齐短板、聚焦服务中心，推动基层党支部提升组织力战斗力、推动

---

① 《推行"四类教学"，锻造"四种能力"，打造党群服务阵地的"硬核"队伍》，载宝山党建 http://www.bsdj.cn/21/731/202082073132702.html，2020年8月20日。

软弱涣散党组织规范化标准化、推动各项事业实现新发展新跨越。①但是，正如崇明区聚焦补齐短板一样，不同地区的基层党组织的短板必定不会完全相同，因此，在加强党组织建设的过程中，还是应该"下马观花"，充分了解自身党组织的具体情况，有针对性地吸收城市基层党组织建设的优秀经验。

第二，上海要充分发挥在社区党建中的引领作用，发挥党建对群众的影响力，就要持续学习和践行城市基层党组织建设的新理念，以习近平新时代中国特色社会主义思想为指导，将坚持和加强党的全面领导作为基层党组织建设的根本原则。

思想建设是基层党组织建设的重要内容，政治建设是党组织建设的根本性建设，必须将政治建设始终摆在城市基层党组织建设的首要位置。加强基层党组织的思想建设和政治建设，要求深刻理解和切实贯彻习近平新时代中国特色社会主义思想，强化党的全面领导。具体说来，首先，城市基层党组织必须增强"四个意识"、坚定"四个自信"、做到"两个维护"，在思想上政治上行动上同党中央保持高度一致，不折不扣贯彻执行中央的路线方针政策和重大工作部署。其次，城市基层党组织必须深刻认识地区发展的新形势、新需要，勇于迎接和探索推进基层党治建设的新理念、新方法。最后，城市基层党组织必须将坚持和加强党的全面领导贯穿党组织建设的全过程。浦东新区创新一流党建的优秀经验非常具有典型性。

---

① 《上海市崇明区："三个聚焦"不断做实党支部工作联系点制度》，载上海基层党建网 http：//www.12371.cn/2020/08/06/ARTI1596708438718350.shtml?from＝groupmessage，2020 年 8 月 6 日。

三十多年前，中共中央和国务院决策开发浦东，浦东新区的"新"不仅为浦东带来了新机遇，同时也为浦东的社区治理带来了新问题。浦东新区在许多方面都面临着"无作业可抄"的局面，但浦东新区下定决心，既然"无作业可抄"，那就自己写"教科书"。经过扎实的探索与实践，"支部建在楼上"成为浦东新区越擦越亮的金字招牌。在中国（上海）自由贸易试验区，探索支部书记、工会主席"一肩挑"的党建方式。①浦东新区在基层党建和社区治理方面取得的成就，不仅是由于其勇于开拓创新的品质，始终坚持和贯彻党的全面领导才是其取得成就的根本原因。

第三，上海要充分发挥在社区党建中的引领作用，发挥党建对群众的影响力，就要树立和强化系统思维、整体思维、战略眼光，加强基层党组织彼此协作、共同发展。

随着改革开放的深入，中国经济社会发展进入新时代，新时代要求进一步强化城市基层党组织建设和社区治理的系统性、整体性，进一步明确社会发展目标对当前阶段社会发展的指引性。上海市作为超大城市，同时走在了中国经济社会发展的前端。然而，上海各区域的发展并不始终保持同步，持续深化不同区域间基层党组织建设和社区治理经验的共享，是上海各区域各部门长期以来始终重视的课题。特别是在推进长江三角洲区域一体化发展的新阶段，如何加强不同部门，特别是不同区域之间的共建共治共享，越发成

---

① 《浦东新区创新一流党建：没"作业"可抄，就自己写"教科书"》，载上海基层党建网 https：//www.shjcdj.cn/djWeb/djweb/web/djweb/index/index! info.action?articleid＝ff808081731e8db3017329b729500047，2020 年 7 月 8 日。

为一项紧要的时代任务。面对国际形势的复杂多变，只有在兼顾国际市场的同时，深入发展国内市场，才能确保"两个一百年"目标的稳步推进。这就更加凸显了上海强化系统思维、加强基层党组织协作发展经验的重要性。黄浦区半淞园路街道凝心聚力打造滨江党群共同体的做法，可以视为上海市基层党建的一个缩影。黄浦区半淞园路街道依托区域化党建工作平台，注重交融互通，通过深化党建群建联建工作机制，探索出"党委领导、地区统筹、群团助力、社会参与"的滨江党群模式，打造滨江党群共同体，构建基层社会治理新格局。半淞园路街道的具体做法是：通过强化三项机制六项制度，助推片区党群共治；通过完善两大站点建设，拓展配套服务共建；通过搭建五大资源共享平台，引领党员群众共融。①半淞园街道的成功经验表明，在当前阶段，只有加强毗邻党组织之间的沟通与协作，才能更加有效地推动社会整体发展。

第四，上海要充分发挥在社区党建中的引领作用，发挥党建对群众的影响力，就要持续推进党组织体制机制创新，持续深化区域党组织协同能力建设，因地制宜创新共建共治共享新形式。

面对百年未有之大变局，对于城市基层党组织建设和社区治理来说，最为关键的是不断推进体制机制创新，以坚持和强化党的全面领导为根本原则，以不断出现的新问题为抓手，凭借自身的实际条件，因地制宜、因时制宜、因势制宜地推动城市基层党组织体制

---

① 《黄浦区半淞园路街道：打造滨江党群共同体，构建基层治理新格局》，载上海基层党建网 https：//www. shjcdj. cn/djWeb/djweb/web/djweb/index/index！info.action?articleid＝ff808081731e8db301737b02c55602e0，2020 年 7 月 24 日。

机制创新，进一步推动基层党组织建设与社区治理协同发展。根据自身的实际情况，积极主动地适应经济社会发展，采取符合实际需求的基层党组织建设方式，这是基层党组织建设过程中的应有之义。但是，基层党组织建设的基础和根本原则是坚持和强化党的全面领导。因此，持续推进党组织体制机制创新，深化区域党组织协同能力建设，首先要求党组织建设定位准确，在此基础上深化党组织的协同发展。在此方面，2019 年设立的上海自贸试验区临港新片区的发展经验，就值得借鉴。临港新片区，是在特殊的时代、特殊的环境中设立的，因此也具有特殊的经济功能，进一步说，临港新片区的新，意味着临港的发展，包括基层党组织建设和社区治理工作，不能够简单地复制其他地区的发展经验。因此，临港新片区充分意识到，自身作为特殊经济功能区，要延续浦东开发开放以来的经验，不断用点的突破带动面的盘活，用制度性的创新积蓄内生动力，用更高水平的开放拓展未来发展的想象空间。这就是说，临港新片区已然意识到，"更高水平的开放"决定着自身未来的发展空间。更高水平的开放，同时也就是更深入的交流合作，就是要全面深入推进不同区域间的共建共治共享发展。

## （二）充分发挥在企业党建中的引领作用

上海同时作为超大城市和中国的金融中心，国有企业和"两新"企业众多。国有企业是我国国民经济的中流砥柱，为我国的经济社会发展做出了巨大贡献。非公有制企业同样在我国经济社会的发展过程中发挥着不可替代的作用。随着中国经济实力的显著提高，国有企业和非公有制企业在事关人民生活的诸多方面越加广泛。加强国有企业和非公有制企业的党组织建设，扩大和深化党的全面领导，切实贯彻党和国家的方针政策，保证国民经济整体发展稳步前进，是基层党组织，特别是上海这类超大城市基层党组织建设面临的重大历史任务。习近平总书记强调："国有企业是推进现代化、保障人民共同利益的重要力量，要坚持国有企业在国家发展中的重要地位不动摇，坚持把国有企业搞好、把国有企业做大做强做优不动摇。"同时也强调："坚持党的领导、加强党的建设，是我国国有企业的光荣传统，是国有企业的'根'和'魂'，是我国国有企业的独特优势。"①对于非公有制企业，习近平总书记也做出过多次强调。习近平总书记强调："要坚持和完善社会主义基本经济制度，毫不动摇巩固和发展公有制经济，毫不动摇鼓励、支持、引导非公有制经济发展，推动各种所有制取长补短、相互促进、共同发展。"同时也强调："注重从产业工人、青年农民、高知识群体中和在非公有制经济组织、社会组织中发展党员。"②近几年来，上海市在积极探索深化基层党组织建设，特别是企业党组织建设，积累下了许多有益的经验，但在新时期，仍然需要继续探索和完善企业党建的新模式新方法，以增加基层党组织建设对企业的感染力。

---

① 《习近平在全国国有企业党的建设工作会议上强调　坚持党对国有企业的领导不动摇　开创国有企业党的建设新局面》，《人民日报》2016 年 10 月 12 日。

② 习近平：《决胜全面建成小康社会　夺取新时代中国特色社会主义伟大胜利——在中国共产党第十九次全国代表大会上的报告》，《人民日报》2017 年 10 月 28 日。

第一，继续推进国有企业党组织建设的思想引领，持续推进国有企业党组织思想建设、政治建设，加强党对国有企业的全面领导。

国有企业是中国特色社会主义的重要物质基础和政治基础，是我们党执政兴国的重要支柱和依靠力量。只有做强做优做大国有企业，巩固国有经济主体地位、发挥国有经济主导作用，才能更好坚持和完善基本经济制度，不断巩固我们党的执政基础。但是，中国特色社会主义市场经济在不断深化发展的同时，也对国有企业的发展，特别是在思想上和政治上带来了新的冲击。国有企业党组织建设的任务，要比历史上的其他时期都更加重要。不断强化国有企业党组织建设，特别是思想建设、政治建设，是国有企业发展的重中之重。要坚持以政治建设为引领，全面推进国有企业在新时期的基层党组织建设工作，持续强化党对国有企业的全面领导，持续深化党组织建设对国有企业的感染力。在此方面，上海建工集团逐渐将集团党校转型升级为管理学院，进一步发挥党校思想熔炉和学习阵地作用的做法，非常具有借鉴作用。自 2017 年以来，上海建工集团逐渐探索集团党校、管理学院强化集团政治建设、思想建设方面的实践途径，构建出了理论教育与职业培养"双轮驱动"、政治轮训与能力认证"双管齐下"的培训格局，使党校、管理学院成为培养各类人才、传承企业文化的重要文化基地。而且，为了更好地发挥集团党校和管理学院的重要作用，上海建工集团还继续从三个方面进一步深化。第一，优化教学设施，为主体班教学点提档增色。上海建工集团不仅注重资金投入，而且注重头雁领衔，实施精英计划。第二，线上线下互动，开辟全地域无时差学习空间。网上学习平台设有"我的选修计划""我的必修计划""知识中心""讨论交流"和"学习报表"等模块，基本上形成了符合自身特色的网上学习模式。第三，推送定制菜单，对接多层面员工职业通道。①上海建工集团党组织建设工作，显然极大地增强了集团党建工作对企业发展的感染力。

第二，完善和强化国有企业党组织标准化建设，持续推进国有企业党支部组织能力建设，充分发挥国有企业在国民经济发展中的中流砥柱作用。

在加强国有企业党支部的政治建设和思想建设的同时，还要持续推进国有企业党支部的组织能力建设。国有企业党支部的组织能力较强，才有可能把坚持和加强党的全面领导落实到国有企业基层终端末梢。为此，要持续完善和强化国有企业党组织标准化建设，以标准化助推国有企业党支部组织能力升级。习近平总书记在全国组织工作会议上鲜明提出新时代党的组织路线，强调要以组织体系建设为重点。党的十九大强调突出基层党组织政治功能、提升组织力。2019 年 12 月 30 日，中共中央发布《中国共产党国有企业基层组织工作条例（试行）》，对加强国有企业党的组织体系建设提出了明确要求。把组织体系建设好，国有企业党支部的组织能力就能够得到快速地提高。该《条例》在指导思想、组织设置、干部培

① 《上海建工："三张牌"发挥党校思想熔炉和学习阵地作用》，载上海基层党建网 https：//www. shjcdj. cn/djWeb/djweb/web/djweb/home！info. action？articleid＝ff8080817270034b017274493cd3002e&catalogid＝8aafb7056b1392d8016b206c2e2a00a8，2020 年 6 月 3 日。

养、工作开展和基础保障五个方面作出了明确要求。申铁公司探索实践的"三位一体"党支部建设，可以作为推进国有企业党组织体系和组织能力建设的有益案例。申铁公司始终坚持以习近平新时代中国特色社会主义思想为指导，同时紧密结合深化改革发展所面临的新形势新任务，探索和实践按照"学习＋规范＋服务"三位一体的工作模式，以主题党日活动为依托，进一步规范党内组织纪律，并且以服务为切入点，充分发挥党组织的领导核心和政治核心作用，确保党对企业的全面领导。

第三，持续推动非公有制企业党组织建设，不断深化党建在非公有制企业中的政治引领、思想引领和组织引领作用。

非公有制企业是我国经济社会发展的重要推动力量，涉及很多民生领域的持续健康发展，对于增加群众就业、促进人民生活便利做出了重要贡献。但是，世界当前正处于百年未有之大变局，非公有制企业面临着巨大的生存压力和发展压力。党和国家历来关注关心非公有制经济发展，同时认为非公有制经济要健康发展，前提是非公有制经济人士要健康成长。广大非公有制经济人士要加强自我学习、自我教育、自我提升。2015年，习近平总书记在中央统战会议上强调："促进非公有制经济健康发展和非公有制经济人士健康成长，要坚持团结、服务、引导、教育的方针，一手抓鼓励支持，一手抓教育引导，关注他们的思想，关注他们的困难，有针对性地进行帮助引导。"①就中央统战部和全国工商联提供数据来看，中国

①《习近平在中央统战工作会议上强调　巩固发展最广泛的爱国统一战线为实现中国梦提供广泛力量支持》，《人民日报》2015年5月21日。

的民营企业平均寿命只有 3—4 年，即使集团型的民营企业平均寿命也只有 7—8 年。但是超过 7—8 年的民营企业 70％—80％是建立党组织的，这说明党建在民营企业的发展过程中，是有政治引领和组织保证作用的。而且寿命长的民营企业，还能两个文明一起抓，两手都硬不偏废。事实证明，推进包括民营企业在内的非公有制企业党组织建设，是能够切实有效地帮助非公有制企业更好地适应经济社会变化，推动非公有制企业朝更好的方向发展。上海市目前实行的区域党建与企业党建联合的方式，在推动非公有制企业党组织建设方面取得了很大成效。以嘉定区为例，嘉定区党建服务中心与嘉定工业区社区党建服务中心联合举办主题党日活动，加深了区党组织建设、工业区社区党组织建设与各企业党组织建设之间的互联互通，扩大了党建工作在企业中的影响力和感染力。①

### （三）充分发挥在学校党建中的引领作用

2019 年 3 月 18 日，习近平总书记在学校思想政治理论课教师座谈会上的讲话，高度强调了加强青少年教育的重要性："青少年是祖国的未来、民族的希望。我们党立志于中华民族千秋伟业，必须培养一代又一代拥护中国共产党领导和我国社会主义制度、立志为中国特色社会主义事业奋斗终身的有用人才。在这个根本问题

---

① 《嘉定区：开展主题党日助推民企发展》，载上海基层党建网 https：//www.shjcdj.cn/djWeb/djweb/web/djweb/home! info. action? articleid = 8aafb7056-b46baba016b4a994284010a，2018 年 12 月 20 日。

上，必须旗帜鲜明、毫不含糊。这就要求我们把下一代教育好、培养好，从学校抓起、从娃娃抓起。"①因此，加强青少年的思想政治教育是各级学校共同肩负的重要任务。学校党组织的建设，与学校思想政治教育工作密不可分，甚至可以说，学校党建工作的成效，决定着学生思想政治教育效果的好坏，直接表现为学生对思想政治课的内容是否真信、真学、真懂、真爱。上海作为"红色之源"，在加强学校党组织建设、增强党建对学生的引导力方面，具有先天的优势。上海市一直在探索将这些先天优势转化为对学生的实际影响的学校党建之路。在深入推进区域化毗邻大党建的新时期，上海要保持自身在党建领域的引领力，必然要继续加强在学校党建方面的引领作用，持续扩大党建对学生的引导力。

第一，学校党建与区域党建融合发展，以区域党建的实践优势助推学校党建，深化高校"立德树人"这一根本任务。

学校党建也是区域化大党建的一个组成部分，应该进行常态化的沟通与联系，增加学校师生深入了解社会经济发展状况的机会与平台，让师生都能够感受到区域发展的实际状况，注重实践积累。上海市是中国经济社会发展的前沿阵地，经济生活发展突飞猛进，社会变化速度显著提升。学校，特别是高校肩负着为社会主义培养优秀人才的重大任务，务必要使学生学以致用，能够做到理论结合实际，将在学校学到的知识迅速地转化为实践力量。学校党建与区

---

① 习近平：《用新时代中国特色社会主义思想铸魂育人　贯彻党的教育方针落实立德树人根本任务》，《人民日报》2019 年 3 月 19 日。

域党建紧密联系起来，既能够为学校党建注入新动力，也能够为区域党建培养潜在的优秀人才后备军。上海财经大学正在探索的学校党建与区域化党建联建的新思路新做法，为学校党建工作的深入开展提供了新动能。上海财经大学推进学校党建与区域党建联建的思路：一是提高站位，将融入城市基层党建作为推动高校党建创新发展的重大方略。二是发挥学科优势，推进科创中心重要承载区建设。目前，上海财经大学已经与黄浦区签订《加强全面合作框架协议》，与虹口区签订《创新创业合作协议》，与崇明区签订《战略合作框架协议》。三是依托党建联建，学校二级党组织主动作为各显特色。比如法学院与杨浦区学习办合作，提供杨浦区街道 8 类普法公益讲座。四是选优挂职锻炼，人才干部交流培养与区域发展良性互动。五是以推动"党员服务计划"为抓手，实现师生党员服务社区新成效。比如试点学校离退休干部参与社区党建工作，大力开展财大教师、博士团送课进社区公益讲座项目。①

东华大学马克思主义学院充分发挥学科和平台优势，以学习宣传习近平新时代中国特色社会主义思想为主线，重点围绕第一课堂建设、教师理论宣讲、学生朋辈示范、社会实践育人四个方面，深入实施"四项融入"工程，全方位推进习近平新时代中国特色社会主义思想铸魂育人。重点融入理论宣讲：探索多元化、区域化的理论宣讲体系。依托马克思主义理论学科优势和师资资源，组建各类

---

① 《上海财经大学：推进区域化党建联建，为高校党建注入新动能》，载上海基层党建网 https：//www. shjcdj. cn/djWeb/djweb/web/djweb/index/index! info.action?articleid = 8aafb7056b46baba016b4af9dc3702b3，2018 年 12 月 14 日。

师生宣讲团，在区域范围内传播和践行党的理论，积极传播马克思主义。积极组织教师参与市委宣传部推动构建"1＋16＋X"的"四史"宣讲工作，并建立学院"四史"宣讲团，更好地服务于市级、区级、校级"四史"学习教育。打造松江大学城高校第一个社区党建示范点——"七色桥"党群服务站，面向市、区、校提供"四史"理论宣讲服务，彰显新时代马克思主义者的责任与担当。与长宁区组织部联合设计、共同推出 10 讲区级层面"四史"党课。推动学院全员参与"四史"宣讲，形成服务校级层面"四史"课程清单。与广富林社区共同打造松江大学城高校第一个社区党建示范点——"七色桥"党群服务站，共建"红色长廊"红色文化阵地，协作定期举办"四史"主题展。学生党支部走进松江区小学实体课堂，送去以"红色精神"为主线，围绕"五四精神""井冈山精神""长征精神""延安精神""北大荒精神""两弹一星精神"六大精神的系列课程。①

第二，着力提高学校党支部建设，重点推进学校党支部书记教育精准度，锻造优秀的学校党建主要责任人和人才队伍。

能否加强学校党组织对学生的引导力，主要看学校党组织是否有能力全面、系统、精确地学习和贯彻党和国家的政策方针，主要看学校教工党组织书记和主要责任人能否有力地履行责任。习近平总书记多次强调，要抓好关键少数。学校各党支部书记，就是学校

---

① 《东华大学马院：强化"四史"教育　推进区域化党建》，载党建网 http：// www. wenming. cn/djw/shouye/dangjiangongzuo/shidaimayuan/202006/ t20200630 ＿ 5693216.shtml，2020 年 6 月 30 日。

党建的关键少数，强化书记的教育精准度，切实提高学校各党支部书记的业务能力，是学校党支部建设成败得失的关键。在此方面，华东师范大学提出，要"由面到点"提升教工党支部书记教育精准度，而"由面到点"实际上就是从"精谋划"到"精分类""精定位""精开方"。具体来说，加强面上分析"精谋划"，旨在建立轮训机制，强化组织领导，完善考核机制，建好教育责任链，完善管理机制，加强精细管理。聚焦对象特点"精分类"，旨在让教工党支部书记教育保持适当的"张力"，注重教育培训的同一性、差异性与灵活性。结合岗位特点"精定位"，旨在加强政治训练、提升政治素养，立足岗位要求、升履职能力。把脉问题要点"精开方"，旨在聚焦巡察问题、开展实务培训，聚焦共性问题、开展案例教学。①华东师范大学"由面到点"的轮训机制，就是要以问题为导向，做到干部建设有的放矢，能够最大限度地保证学校党建队伍建设，特别是党支部主要负责人队伍建设的针对性和有效性。这样做，能够让不同党支部方便依据自身特点，更加有效地将党的全面领导深入到每一位学生，增加学校党建工作在学生当中的引领力。

第三，加强学校党组织建设信息化转向，善于通过信息化工具、平台，扩大党员教育、思政课教育对学生影响的广度和深度。

互联网是意识形态的一个重要领域，影响非常广泛，一定要把握好这个有利的工具，来推动基层党组织建设，特别是学校党组织

---

① 庞荣：《华东师范：提升教工党支部书记教育精准度》，载共产党员网 http：//tougao.12371.cn/gaojian.php？tid＝2208335，2019 年 3 月 28 日。

建设的广泛化和深入化，进一步扩大党员教育和思想政治理论教育的影响范围和深度。习近平总书记在 2018 年全国网络安全和信息化工作会议上强调："信息化为中华民族带来了千载难逢的机遇。我们必须敏锐地抓住信息化发展的历史机遇。"①同时，习近平总书记在 2019 年主持中共中央政治局第十二次集体学习时强调："要从维护国家政治安全、文化安全、意识形态安全的高度，加强网络内容建设，使全媒体传播在法治轨道上运行。"②习近平总书记的这些强调，更加凸显了信息化建设、网络建设的重要作用。学校党组织建设也要充分意识到互联网、信息化在基层党组织建设、提高党建对学生引领力过程中的重要作用。

**（四）充分发挥在毗邻党建中的引领作用**

毗邻党建是新时代中国经济社会发展的必然要求。习近平总书记一再强调，当前世界正处于百年未有之大变局，而中国也正面临全面建成小康社会的重要攻关期。因此，推进和加强区域经济社会一体化协同发展，就成为应对国内和国外风险，增强市场活力、激发人民创造力的必然选择。毗邻党建是一个系统概念，它不仅指相互毗邻的几个省市，还包括相互毗邻的区域、社区、楼宇、行业等

---

① 《习近平在全国网络安全和信息化工作会议上强调　敏锐抓住信息化发展历史机遇　自主创新推进网络强国建设》，《人民日报》2018 年 4 月 22 日。

② 《习近平在中共中央政治局第十二次集体学习时强调　推动媒体融合向纵深发展　巩固全党全国人民共同思想基础》，《人民日报》2019 年 1 月 26 日。

基层党组织之间的联合建设。上海市作为超大城市和中国经济社会发展的前沿地区，同时作为楼宇党建和区域化党建的引领者，在毗邻党建过程中积累了大量的有益经验，在一定程度上推动了相互毗邻的基层党组织建设工作的无缝隙对接。但是，面对不断变化的发展形势，上海市只有不断深化毗邻党组织建设的方式方法，才能够进一步推动基层党建的无缝隙对接，才能够为其他地区的毗邻党建提供更多有益的启示。

第一，积极探索区域毗邻党组织建设，以区域党建为依托，深化学校党建、企业党建等基层党组织建设深度融合发展。

毗邻党组织建设，是一个系统工程，需要各级各类党组织之间的积极有效配合。为此，推进毗邻党建就需要首先在思想上达成共识，充分意识到毗邻党建在区域一体化发展过程中的关键引领作用，积极主动融入毗邻党建的工作中。其次要坚持问题导向，以各毗邻地区自身发展所遭遇的问题为导向，有针对性地同相应毗邻地区进行对接，形成良性互动。最后，要加强本地区各类党组织之间的互联互通，推动本地基层党组织深度融合发展。在思想上充分认识毗邻党建的重要性，在毗邻党建落地的过程中坚持问题导向，这是推动毗邻党建切实有效发展的两个首要前提。从区域层面来看，不同区域加强基层党组织协同发展，首先需要对本区域党建资源进行系统整合。这种整合必然要以区域党建为依托，积极推动学校党建、企业党建等基层党组织建设的深度融合，形成一体化发展新动力，开创一体化发展新局面。东华大学马克思主义学院在此方面所做的工作，能够为推动毗邻建党提供良好的借鉴。东华大学马克思主义学院党总支依托自身资源，特别是优秀的师资力量、学科和平台等优势，与长宁区委组织部、松江区委组织部、长宁区党建服务中心、松江区广富林街道社区党群服务中心、长宁区教育局、松江区教育局等区域内多家单位互联互通、共建共享，同绘区域化党建"同心圆"，助力城市基层党建。具体表现为三个方面：依托学院优质师资，组建专家化"四史"宣讲团队；发挥专业溢出效应，打造"四史"宣讲精品课程；整合拓展优势资源，推进区域化党建联建共享共赢。①

第二，探索毗邻党建信息化建设平台，以互联网为手段，构建毗邻大党建深入融合发展新模式，更加有效地加强不同党组织之间的凝聚力和互联互通新模式。

互联网和信息化建设，为毗邻党建提供了便捷有效的发展手段，而且在第五次科技革命的发展进程中，信息化正在迅速地改变着整个社会的面貌，改变着人与人之间沟通交流的方式。随着科技的进步，毗邻党建原来存在着的沟通不畅的障碍，在技术上已经不再成为问题。现在的首要问题是进一步解放推进毗邻党组织建设的思想问题。因此，毗邻党建要始终坚持以习近平新时代中国特色社会主义思想为指导，认真贯彻执行党的十九届三中、四中全会精神，持续推动基层党组织思想进步。其次，要加快培养一大批熟练掌握现代信息技术的基层党组织人才队伍，同时对现有党组织工作

---

① 《东华大学："四史"学习教育互联互通　共绘区域化党建同心圆》，载上海基层党建网 https://www. shjcdj. cn/djWeb/djweb/web/djweb/index/index! info.action?articleid = ff808081731e8db301731ea334a40006，2020 年 7 月 6 日。

人员进行信息化培训，推动现有工作人员有能力、有意愿主动迎接信息化变革带给基层党组织建设的机遇和挑战。最后，大力推动毗邻党建信息化平台建设，构建全面、系统、有效的毗邻党组织互通互联的有效途径。中共中央宣传部主管的"学习强国"平台，就是一个有效构建毗邻党建信息化平台的优秀案例。但是，这还需要各地区根据自身区域特点进行深化和具体化。上海市在推进"四史"学习教育活动的过程中，各单位搭建的线上学习平台，积累了大量的加强毗邻地区党组织建设资源互通、相互学习的实践经验。为深入构建毗邻党组织互联网信息化平台建设，提供了经验基础。显而易见，要充分发挥信息化平台在毗邻党建中的作用，还有很长的一段路要走。

第三，积极探索毗邻党建引领下的区域联动发展新模式，探索毗邻党建与区域联合发展协同提高新途径。

坚持党的全面领导在基层党组织建设中不断深化，能够有效维护社会稳定，深化社会治理，特别是基层社区治理。稳定是一切发展的前提，社会的发展同时也维持和促进社会稳定。积极推动毗邻党组织建设，与大力推进区域一体化发展，并不是相互对立、彼此矛盾的两项不同的任务。以往的事实已然证明，持续推进基层党组织建设，能够有效地推动社会经济发展，乃至非公有制企业发展。而且，促进经济社会发展，维护社会稳定，同时也是基层党组织建设的重要职责。在经济社会一体化发展的新时期，务必要探索出一条能够有效推动毗邻党建与区域联合发展协同提高的新途径。在此方面，上海同样积累了许许多多的实践经验，初步形成了一系列毗邻党建的新方式方法，有效助推了不同党组织建设工作的无缝隙对接。这最为明显地体现在上海长期以来推动发展的楼宇党建方面。以长宁区为例，2019年长宁区委组织部与区税务局合作，在全区部分楼宇党建阵地内设立楼宇税收服务站，将企业最关心、关注的纳税服务引入楼宇，探索形成"党建＋税收服务"新模式。其具体做法主要体现在三个方面：摸准需求精准施策，党建阵地有了"办税厅"；合理布局科学设置，业务办理实现"不出楼"；畅通联系培育队伍，贴身服务做好"店小二"。①长宁区将党建与税收相结合，是毗邻党建的内在要求。党建能够促进经济发展，而经济发展也能够助推党组织建设的方式方法创新。只有不断地探索不同部门相互结合的有效路径，才能够真正做到不同党组织建设工作的无缝隙对接。

上海发挥超大城市区域化毗邻大党建的引领作用，需要在不断总结过去基层党组织建设的基础上，持续扩展和深化基层党组织建设的方式方法。在我国经济社会发展进入新时代，长江三角洲一体化发展的背景下，持续推动区域化毗邻大党建，不仅是时代的必然要求，而且是上海市持续深化改革、推动经济社会发展的必然要求。为此，上海必须不断探索实现自身在毗邻大党建中发挥引领作用的实践路径，以毗邻党建为引领，全面推进上海在区域党建中的

---

① 《长宁区：探索"楼宇党建＋税收服务"新模式　助推营商环境再优化》，载上海基层党建网 https://www.shjcdj.cn/djWeb/djweb/web/djweb/home! info. action? articleid ＝ 8aafb7056e7ee3a5016e8e0f521f0074&catalogid ＝ 8aafb7056b139- 2d8016b206ac7dc00a5，2019年11月22日。

引领作用，充分发挥党建对群众的影响力；全面推进上海在企业党建中的引领作用，充分发挥党建对企业的感染力；全面推进上海在学校党建中的引领作用，充分发挥党建对学生的引导力；全面推进上海在毗邻党建中的引领作用，进一步推进党建的无缝隙对接。

# 余　论


　　人类进入 21 世纪以来，新一轮科技革命和产业变革正在全面重构全球创新版图，重塑全球经济结构。科学技术从来没有像今天这样深刻影响国家的前途命运，深刻影响人民的生活福祉。正如习近平总书记 2020 年 11 月 12 日在浦东开发开放 30 周年庆祝大会上的讲话中指出的："科学技术从来没有像今天这样深刻影响着国家前途命运，从来没有像今天这样深刻影响着人民幸福安康。我国经济社会发展比过去任何时候都更加需要科学技术解决方案，更加需要增强创新这个第一动力。"

　　"从历史长周期看，一个国家、一个地区的发展往往不是线性的，而是跳变式的，创新正是引领超常规发展的根本动力。"①《中共上海市委关于制定上海市国民经济和社会发展第十四个五年规划和二〇三五年远景目标的建议》提出，上海要强化科技创新策源功能，坚持创新在发展全局中的核心地位，把科技自立自强作为战略

---

　　①　李强：《沿着习近平总书记指引的道路奋勇前进，把上海浦东打造成社会主义现代化建设引领区》，《人民日报》2020 年 12 月 11 日。

支撑，把上海建设成为"科学新发现、技术新发明、产业新方向、发展新理念的重要策源地，源源不断提供高水平科技供给"①。按照习近平总书记对上海工作提出的要求，按照《中共上海市委关于制定上海市国民经济和社会发展第十四个五年规划和二〇三五年远景目标的建议》，上海聚焦推动科技创新，有以下几个方面应予以进一步明确：

第一，上海要成为科学新发现、技术新发明、产业新方向、发展新理念的重要策源地，首先要成为全国原始创新能力的高地。要以国家重大战略任务需求为导向，提升张江综合性国家科学中心的集中度和显示度，全面提升上海原始创新能力。要布局一批新的上海国家技术创新中心，打好原始创新和关键核心技术的攻坚战；加强重大科学问题前瞻研究和重要基础学科专业建设。持续形成基础研究和应用基础研究重大原创成果，下大力气提升上海的原始创新能力。

第二，"十四五"期间上海要构建顺畅高效的技术创新和转移转化体系，建立产学研用深度融合的新机制新模式。推动企业与高校、科研院所共建创新平台，企业牵头组建创新联合体，打造以市场为导向的新型研发机构，完善共性基础技术供给体系，加强共性技术平台建设，大力推动应用场景和公共资源开放共享，推动产业链上中下游、大中小企业融通创新，加速科技成果向现实生产力转

---

① 《中共上海市委关于制定上海市国民经济和社会发展第十四个五年规划和二〇三五年远景目标的建议》，《解放日报》2020 年 12 月 10 日。

化，以提高创新链整体效能。

第三，发挥上海学科基础整体全面和相互融合的优势，牵头参与实施一批国际大科学计划和大科学工程。世界重大科技创新突破，都发生于学科的交叉融合之中。学科发展与科技进步、产业发展和社会需求紧密结合，并在相融互动中形成新的学科生长点。上海各个学科相对齐备，基础条件好，要整合优化学科资源配置，优化基础研究领域多元投入方式，深化对高校、科研机构"放权松绑"，通过各学科进一步交叉融合，在参与实施国际大科学计划和大科学工程中发挥上海的科技竞争力。

第四，培育具有国际竞争力的创新领军企业和高成长性的科技型中小企业，实现高新技术企业数量大幅增长。"十四五"期间要加快实施新一轮全面创新改革试验，打造一批各具特色、充满活力的创新载体，弘扬科学精神和工匠精神，形成更加开放包容、更具吸引力竞争力的创新创业生态。完善科研人员职务发明成果权益分享机制，强化对创新人才、创新团队的分配激励，在全市各层面建立起有利于促进发明创造的分配和激励制度。

限于时间和篇幅，这部分将在后续研究中作进一步展开。

# 后　记

　　本书源于上海市哲学社会科学规划办公室和上海市习近平新时代中国特色社会主义思想研究中心共同委托的上海市哲社规划课题成果，课题名称是"习近平总书记关于上海发挥引领示范作用，更好服务全国改革发展大局重要论述与上海贯彻实践研究"（课题编号2020WXA001）。该课题从2020年8月中旬立项到2020年12月中旬提交结项报告，历时4个月时间。感谢课题组成员秦德君教授、张义凡博士、陈健博士和白虎博士的共同努力，研究成果得到评审专家高度认可并获上海市习近平新时代中国特色社会主义思想研究中心推荐，得以在中国共产党成立100周年的特殊历史节点出版，令课题组全员深受鼓舞。

　　本书是集体合作的成果，也是课题组发挥集体攻关、推进整体研究的有益尝试。全书章节框架由王治东总体设计；第一章、第二章由陈健撰写；第三章、第五章由张义凡撰写；第四章由秦德君撰写；白虎参与相关部分撰写；最终统稿由王治东完成。

　　感谢李琪教授、王公龙教授在课题推进过程中给予的悉心指导和帮助！感谢上海市习近平新时代中国特色社会主义思想研究中心的信任和支持！感谢上海人民出版社为本书出版付出的努力！

王治东

2021 年 3 月于上海松江

**图书在版编目(CIP)数据**

上海发挥引领示范作用的理论与实践/王治东等著
.—上海：上海人民出版社，2021
（新思想 新实践 新作为研究丛书）
ISBN 978 - 7 - 208 - 17181 - 7

Ⅰ.①上… Ⅱ.①王… Ⅲ.①区域经济发展-研究-
上海 Ⅳ.①F127.51

中国版本图书馆 CIP 数据核字(2021)第 124533 号


**责任编辑** 罗 俊
**封面设计** 今亮后声


新思想 新实践 新作为研究丛书
**上海发挥引领示范作用的理论与实践**
王治东 等 著

出 版 上海人民出版社
　　　　（200001 上海福建中路 193 号）
发 行 上海人民出版社发行中心
印 刷 常熟市新骅印刷有限公司
开 本 720×1000 1/16
印 张 12.5
插 页 3
字 数 129,000
版 次 2021 年 7 月第 1 版
印 次 2021 年 7 月第 1 次印刷
ISBN 978 - 7 - 208 - 17181 - 7/D·3789
定 价 50.00 元